MY
JOB
나의 직업

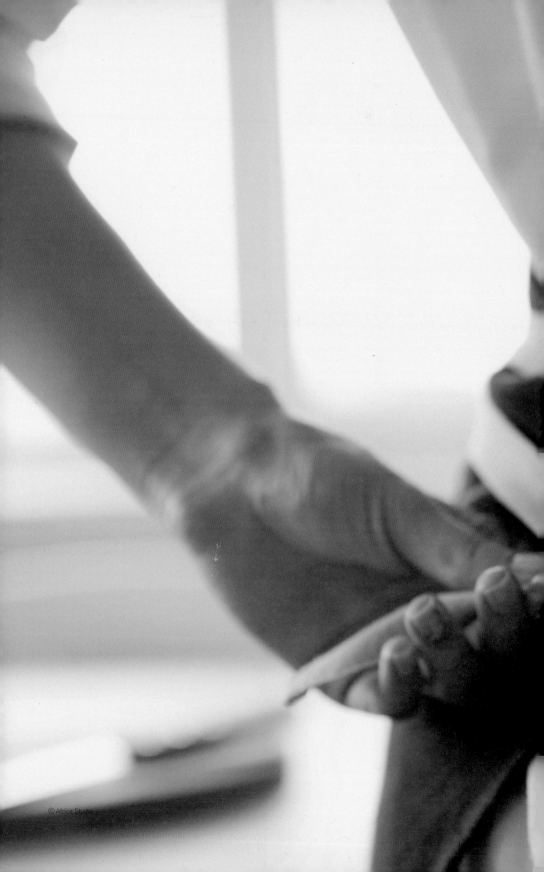

어쩌면 당신의 시선

CONTENTS

Part Three

Get a Job

Part Four

Reference

Part One

History

요즘 각종 TV매체에 등장하며 인기를 끌고 있는 직종이 있다. 바로 "셰프"이다. 서양식의 음식 문화가 유행하면서 요리사나 주방장을 지칭하는 호칭을 일반인들도 "셰프"로 통칭해 부르고 있다. 그러나 이와 같은 호칭이 주방을 담당하는 그들을 가리키는 공식 용어는 아니다. 아직 우리말에 녹아들지 않은 외래 언어인지라 통상적으로는 요리사, 조리사라는 표현이 적절하다. 그럼에도 불구하고 많은 이들이 "셰프"라는 용어로 요리사, 또는 조리사를 지칭해 부르고 있다.

본래 셰프(chef)란 원래 치프(chief)란 뜻의 불어에서 온 말이라고 한다. 프랑스에서는 어떤 부서의 장을 흔히 "셰프"라고 부르곤 하는데, 영어권에서 프랑스 요리를 수용하게 되면서

주방장 또는 요리사를 이 셰프라는 용어로 부르기 시작했다고 전해진다.

이렇게 주방장을 셰프라고 부르게 된 데에는 또 다른 재미있는 일화가 전해지고 있는데, 영국인들이 프랑스 식당에서 식사를 하다가 주방장을 가리켜 누구냐고 묻자, 식당에서 그를 셰프 즉, 책임자라고 답하는 바람에 그것이 어원이 되어 오늘날 요리사를 통칭하는 말로 오해해 굳어졌다는 그럴 듯한 설이다.

이런 설과 관계가 있는지를 떠나 어쨌든 영어권에서는 주방장, 또는 요리사 일반을 칭하는 용어로 "셰프"라는 단어를 사용한다. 한국에서는 주방장이라는 말 대신 이 용어를 사용하고는 있지만 역시 서양식 음식점에 국한된 이야기일 뿐이다. 사실 한국에서는 셰프라는 단어를 대체할 말이 별로 없는데다가 그 나름대로는 세련된 느낌이 있어, 부르는

이나 듣는 요리사나 그렇다고 인정한 모양새이지만 사실 정확한 지칭은 아니다.

주방장은 한때 권위와 실력을 의미하는 말이었으나, 모든 요리사를 그렇게 부르면서 희소성이 떨어지면서 쓰임새가 줄어들고 있는 형국이다. 그래서 어떤 이들은 요리사를 '숙수'라고 부르자는 주장을 하기도 한다. 궁중과 고급요릿집의 남자 요리사를 그렇게 불렀다는 주장이다. 그러니까 꽤 전통을 실은 호칭인 셈인데 역시 일반인들에겐 생경할 수밖에 없다. 또 일반 음식점에서 요리를 해주는 이들에게 많은 이들은 "아줌마, 이모"라는 호칭도 사용한다. 대부분 이런 이들을 전문 용어로는 찬모라고 하지만, 이 호칭 역시 역사적으로 따져본다면 노비계급의 부엌 노동자를 지칭하는 말이었으니 수용자에게 실례가 되는 말일 수밖에 없다.

이런 혼란 속에서 여전히 요리사, 조리사, 조리장, 주방장, 셰프, 불판, 칼판 등 수많은 용어가 혼용되고 있는 실정이다. 직업군 중에서 한 가지 직업에 대한 호칭이 이처럼 경우도 무척 드문 일이다.

이렇게 많은 호칭 가운데에서도 직업 분류상 조리사라는 호칭이 가장 적절한 것은 그것이 법적인 측면의 직업 분류일 뿐만 아니라 자격증을 겸하는 호칭이기 때문이다. 조리사란, 국가기술자격법에 의해 조리기능사 자격증 취득 후, 시·도·지사의 면허를 허락받은 사람이다. 자격을 구분할 때는 음식의 유형에 따라 한식조리기능사, 양식조리기능사, 중식조리기능사, 일식조리기능사, 복어조리기능사 등으로 분류한다.

그렇다면 요리사라는 칭호는 어느 때에 사용하는 것일까. 직업 분류상, 또 전문 직업인으로서는 조리사라는 표현이 적당하지만 요리사는 좀 더 보편적이고 넓은 의미로 영양을 고려해 요리를 만들어 대접하는 사람이라는 뜻을 지닌다. 그러니까 요리사란 업계 전문 용어는 아니다. 따라서 재료를 나름의 연구와 창의성에 따라 다루고, 맛을 내고, 음식을 만들어 이를 돈을 받아 판매하는 것, 즉 요리라는 행위를 하는 사람에 대한 정의로서는 요리사라는 칭호가 좀 더 적절해 보인다. 만들어 낸 요리에 대한 막중한 책임자라는 의미를 함께 내포하고 있으니 말이다.

이 책에서는 이와 같은 요리사의 직무에 관련해 다양한 사항을 살펴볼 것이며 자격이나 직업 분류 유형에 따라 요리사, 조리사라는 용어를 혼용해 사용할 것이다.

요리사의 역사는 식습관, 또 음식 문화와 무관하지 않다. 한 나라의 식생활과 풍토, 또 사람들의 습관이 곧 요리하는 이의 재료이자, 맛을 내는 방법, 연구 바탕이었기 때문이다.

3면이 바다로 둘러싸인 한반도는 동해에서 난류와 한류가 교차하여 어장이 발달하였고, 섬이 많고 수심이 낮은 남해·서해에서 해산물이 많이 나는 편이나. 또한 반도의 북부는 한란차가 큰 대륙성아한대성 기후이지만, 남부는 장마가 잦고 벼농사에 적합한 온대기후로 양질의 쌀을 생산할 수 있는 요건을 갖추고 있다고 볼 수 있다. 이와 같은 지리적, 환경적 영향 덕분에 생산되는 농작물과 수산물이 예로부터 풍부하여 다양한 요리가 발달할 수 있었고, 대륙의 식생활 문화에 영향을 받아 육류

요리도 발달하여 우리나라 요리 문화는 세계 어느 나라에
비해서도 그 수준이 절대 빠지지 않을 만큼 발달할 수 있었다.

한국에서 육식의 역사는 흥미롭다. 삼국시대 이전부터 육식은
존재했지만 살생을 금지했던 불교의 교리가 전해지고 통일
신라가 도래하면서 고려시대 중기까지는 식생활에서 육류
조리법을 사용하지 않아 점차 쇠퇴하였다. 그러니까 종교와
문화가 식습관에까지 영향을 끼쳐 요리의 역사에 영향을 미친
것이다. 그 뒤 고려시대에 북방의 육식 민족인 거란의 침입과
100년이 넘는 원나라의 지배가 지속되면서, 육식이 널리
보급되어 오늘날의 육류 요리들이 발전하게 되었다.

밥을 주식으로 하면서 여러 가지 반찬을 부식으로 하는
일상식의 형태는 고려시대 말기에서 조선시대 초기에 걸쳐
확립되었다고 한다. 그러나 오늘날과 같은 일상식은 조선시대
왕가나 양반의 식생활을 기본으로 하는 궁중요리와 각 지방
특산물을 재료로 그 지방에 전하는 고유 조리법으로 만든
향토요리가 어우러져 마침내 완성되었다고 보는 것이
일반적이다. 이는 조선시대 중기부터 과학은 물론 문화 활동이

급속히 발전하고, 이것이 음식 재료의 품종 개량 및 조리법 발전으로 이어져 식생활문화를 향상시켰기 때문이다.

이와 같은 이유로 현재 궁중요리라고 불리는 우리 음식들은 대부분 조선시대의 음식들이 차지하고 있다. 조선시대 음식의 또 다른 특징은 유교가 우리 식생활에까지 깊숙이 영향을 끼쳤다는 것이다.

첫째는 차를 마시는 습관이 쇠퇴했다. 불교에서는 '헌다'라고 불리는 예를 갖추고 차를 마시는 습관이 있는데, 조선의 유교 사상은 일부러 차밭을 방치하면서까지 차의 생산을 중단 시켰다. 그러나 일부 남도 지방의 스님이나 학자들이 차를 마시면서 풍류를 즐기는 속에 차의 생산은 끊어지지 않고 면면히 이어져 왔을 뿐이다. 이와 같은 차 마시는 풍습이 사라진 사회적 분위기 속에서 차에 대한 전통은 초의선사나 정약용에 의해 이어질 수 있었다. 그러나 결국 서민의 차 마시는 습관은 쇠퇴할 수밖에 없었으며 대신에 화채와 한약재를 달인 탕차류, 그리고 주류 등이 기호음료를 대신하는 분위기였다.

둘째로 흥미롭게도 조선시대에는 노인 영양학이 발전했다. 유교에서는 효를 인간의 근본 도덕이라 여기며 강조했는데, 이에 따라 부모님과 조부모를 공경하고 그들의 건강을 살피는 노인 영양학의 중요성이 부각되었고 의서나 가정백과에도 '양로문'을 따로 두고 다루게 되었다. 기대 수명은 높아지고, 노인 인구가 늘어감에 따라 이들의 복지와 건강에 힘을 써야 하는 오늘날에도 아직 자리 잡지 못한 노인 영양에 대한 관심이 조선시대부터 발달했다는 것은 한식, 또 한국이 자부할 만한 일이다.

셋째는 수저 문화의 전통이 이때부터 시작되었다. 동양의 삼국 중 오직 우리나라에만 숟가락과 젓가락을 사용하는 문화가 있다. 이는 유교를 숭배하는 사람들이 공자 시대에 숟가락을 사용하였음을 끝까지 고집하면서 숟가락을 사용하는 문화를 끝까지 고수했기 때문이다.

초의선사

성은 장 씨이고 이름은 의순이다. 법호는 초의이며, 당호는 일지암인 초의선사(1786~1866)는 조선 후기의 대선사로서 우리나라 차 문화(다도)를 정립한 스님이다.

    이러한 음식문화의 영향 속에서도 궁중에서는 전국에서
진상하는 다양하고 진귀한 재료를 사용하여 고도의 조리 기술을
지닌 주방 상궁과 숙수(熟手)들의 솜씨로 한국 음식의 정수를
이루어 냈다. 조선시대 말기는 한국 음식의 절정기로 한국 음식
문화가 가장 발달한 시기라고 할 수 있다.

    그렇다면 조선시대 오늘날의 요리사 역할을 맡았던 주방
상궁과 숙수, 또 그들이 활동했던 주방에 대해 이야기를 해보자.

    궁궐 안에서는 왕, 왕비, 대왕대비, 세자 등 주요 상전들이 각각
대전, 중궁전(왕비전), 대비전, 세자궁의 전각에서 기거하게 된다.
그러므로 그들의 식사를 맡아줄 이들이 필요했는데, 각 전에 딸린
주방에서 담당자들이 일상식을 만들어 올리는 것을 원칙으로
했다.

    이 때 왕과 왕비의 침전에 올리는 식사를 '수라'라고 불렀고,
이 음식을 만드는 곳을 '수라간' 또는 '소주방'이라고 불렀다.
침전과는 별도로 떨어진 곳에 배치했으며, 수라상은 '퇴선간'에서
차리고 물리며, 수라를 물리면 '생과방'에서 만든 후식을 올렸다.

    그밖에 궁중의 연회 때에 쓰일 음식을 만들기 위해 임시로 지은

건물을 '주원숙설소', 또는 '내숙설소'라고 하였고, 그 곳에 설치된
주방을 '행주방'이라고 불렀다.

'주방 상궁'들은 대부분 40세가 넘었으며 요리 경력이 30년
이상 되는 경험이 많은 상궁들로 구성되어 있었다. 그녀들은 왕과
왕비의 수라상을 준비했으며 장식, 장찬, 전선, 상식 등으로
업무에 따라 부르는 호칭이 달랐다. 또 직접 음식을 만들지는
않지만 상선, 상온, 상차 등으로 불리던 내시는 수라를 비롯해
궐내 음식물을 감독, 왕명의 전달하는 등의 임무를 수행했다.

그들의 직급과 역할을 보면 상선은 종2품으로 식사에 관한
일을 맡았으며 정원이 2명이었고, 상온은 정3품으로 술에 관한
일을 맡았으며 정원은 1명이었다. 상차는 정3품으로 차에 관한
일을 맡으며 정원은 상온과 마찬가지로 1명이었다.

오늘날처럼 그 시대에도 요리를 하는 이들 중에는 남자도
있었다. 바로 대령숙수였다.

이 남자 요리사들은 궁중의 잔치인 진연이나 진찬 때에 필요한
음식을 만드는 일을 했다. 그 때 만약 숙수의 솜씨가 좋다고
알려지면 대를 이어가며 궁에 머무르게 했고, 왕의 총애도 많이

받을 수 있었다.

이런 주방 상궁이나 대령숙수를 돕는 조수를 일러 '차비'라고
불렀다. 그들은 궁의 최하위 고용인으로 궁중음식을 마련하는
실무를 맡았다.

오늘날 궁중요리의 명맥을 잇도록 자취를 남긴 이로는 조선의
마지막 주방 상궁 한희순씨를 들 수 있다. 한희순씨는 조선의
마지막 주방 상궁으로 궁중음식을 현대적으로 계승할 수 있도록
힘써 중요 무형문화재 제38호에 등재된 궁중음식
기능보유자이다.

그녀는 1889년(고종 26) 서울에서 태어나 13세 때 덕수궁
주방의 나인(궁중에서 왕과 왕비의 시중을 들던 정5품 이하 궁중 여인을
가리키는 말)이 되었다. 이후 궁중의 주방 상궁으로서 경복궁,
창덕궁을 거치면서 고종, 순종의 수라를 담당했으며 1965년까지
계속 주방 상궁으로 일했다.

순종의 계비였던 순정효황후(조선의 마지막 황후)가 그녀를 가장
아끼고 칭찬했을 정도로 궁중 음식에 조예가 깊었고, 조선시대
마지막 주방 상궁이라는 사명감을 바탕으로 궁중요리를
현대식으로 발전시키는 데 평생을 바쳤다.

1971년 조선왕조 궁중음식이 중요무형문화재 제38호로
지정되면서 제1대 기능보유자로 인정받았고, 이듬해 사망, 그의
뒤를 이어 문화재 전문위원인 황혜성씨가 제2대 기능보유자가
되었다.

　그렇다면 조선 최초의 요릿집은 어디일까. 1909년경 안순환에
의해 지어진 유흥음식점 명월관이 요릿집의 최초라고 볼 수 있다.
명월관은 궁내부에서 주임관으로 있으며 궁중요리를 하던
안순환이 현재의 종로구 세종로에 개점한 20세기 최초의 조선
요릿집으로 알려져 있다.

　1909년 이전까지만 해도 조선에는 관기제도가 존재했다.
나라의 관청에 속해 있던 기생들을 관리하는 제도였는데 이것이
1909년 폐지되자, 궁중 기녀들이 모여 영업점을 내, 사업을
번성시켰다. 이것이 명월관이 시작이다.

　명월관 건물은 2층의 양옥으로 지어졌고 1층은 일반석, 2층은
귀빈석으로 분리되어 있었다. 또 '매실'이라는 특실도 있었는데
주로 일본과 조선의 고관대작이나 친일계 인물들이 자주
드나들었으며, 문인과 언론인들도 출입하였다.

　1918년 5월 24일 명월관이 화재로 소실되자 안순환은
장춘관의 주인 이종구에게 명월관 간판을 내주어 서울 돈의동
139번지(지금의 피카디리극장 자리)에 명월관 별관 간판을 걸도록
했다.

　안순환은 이종구의 소개로 종로구 인사동 194번지에 위치한
순화궁 자리에 명월관 분점격인 태화관을 개점했다. 이후
태화관은 33인의 민족대표가 독립선언문을 낭독한
기미독립선언으로 인해 문을 닫게 되자, 1921년경 안순환은
식도원이라는 요릿집을 새로 개점하였다.

　한편 이종구가 경영한 명월관은 3·1운동 이후 우국지사들의
연락 장소로 활용되었다. 광복 이후 명월관 운영은 이종구가
대지와 가옥을 소유했으며, 영업권은 종업원들이 공동 관리했다.
그 뒤 6·25전쟁이 발발하자 북한 공산군의 종로 일대 사무실로
사용되다가 공산군의 철수 당시 이종구는 납북되었고, 명월관은
불태워졌다.

〈황토마루 명월관〉

　지금의 세종로와 신문로, 종로가 엇갈리는 네거리 남쪽 고개를 황토마루라고 한다. 경복궁의 정문인 광화문 남쪽으로 나 있는 대로 양편으로 의정부, 육조, 중추원, 사헌부, 한성부 등의 관아 건물들이 자리한 육조거리는 동대문과 서대문을 잇는 동서로 난 간선도로와 만나면서 끝이 나고 그 남쪽이 바로 황토마루가 되는 것이다.

　황토마루 남쪽으로는 군기시가 있었고, 지금 정동 일대에는 태조의 비 신덕왕후의 정릉과 그 원당인 흥천사가 있었으며 그 남쪽으로 태평관이 자리하였다. 경복궁과 서울의 주산인 백악이 빚어내는 경관은 이 황토마루 위에서 바라볼 때 장관을 이루었다. 이 터는 원래 우포도청이 있던 자리로 당시는 공터였다.

　안순환은 회색의 2층 건물을 지어 명월관을 열었다. 아래층은 온돌이며, 2층은 마룻바닥에 양탄자나 다다미를 깔고 대문은 서쪽으로 냈다. 마당에서 직접 2층으로 올라가도록 화강석으로 계단을 놓은 명월관은 호화롭고 웅장하면서도 정연한 자태를 느낄 수 있었다. 실내장식들과 다양한 요리 그릇들은 한없이 호화로운 자태를 자랑하였고, 명월관 내 어느 곳에서나 향긋한 술 냄새와 기녀들의 화장품 냄새로 취할 듯 하였다. 2층에는 귀한 손님들을 위해 매실이란 이름을 가진 특실 방을 하나 만들었다. 아주 귀한 손님이나 그윽한 곳을 찾는 사람들에게 제공하기 위해서였다. 겨울에는 숯불을 피운 화로가 등장하였다. 방은 자수병풍과 서화로 장식하였다.

　안순환은 명월관 설립에 자신은 표면에 나서지 아니하고 김동식, 정원익 두 사람 사장으로 삼았다. 아마도 궁중 전선사 사장 일을 담당하면서 동시에 요릿집 주인을 공개적으로 하기에 다른 이들의 눈총을 의식한 행동이었으리라 추측된다.

　1906년 7월 14일자 〈만세보〉에 실린 명월관 광고는 명월관에 대한 다양한 정보를 싣고 있다. 내용은 다음과 같다.

"저희 관(館)은 개점 이후로 고객의 사랑을 받아 날로
번창하오니 감사함을 무엇이라 말할 길이 없습니다.

특히 날씨가 날로 더워지는 때를 맞이하여 좌석을 매우
청결하게 정리하고 위생을 갖추었으며, 국내외의 각종 술과
엄선한 국내외 각종 요리를 새롭게 준비하고 주야로 손님을
맞으려 합니다. 각 단체의 회식이나 시내 외 관광, 회갑연과
관혼례연 등에 필요한 음식을 마련해 두고 있습니다. 심지어
사람을 보내어 음식을 배달하기도 하는데, 진찬합과 건찬합,
그리고 교자음식을 화려하고 정교하게 마련해 두었습니다.
필요한 분량을 요청하면 가깝고 먼 곳을 가리지 않고 특별히 싼
가격으로 모시겠습니다.

군자의 후의를 표하오니 여러분께서는 많이 이용해 주시기를
바라마지 않습니다. 주요 음식물 종류는 다음과 같습니다.

새롭게 개량하여 만든 각종 교자음식, 각국의 맥주, 각종 서양
술, 각종 일본 술, 각종 대한(大韓) 술, 각종 차와 음료, 각종
양과자, 각종 담배, 각 종 시가, 각국 과일, 각종 소라, 전복, 모과.
황토현기념비전 본관 주인 김인 식 고백."

이 광고를 통해서 알 수 있는 것은 명월관에서 조선 궁중음식을

▲ 운영 당시 명월관 사진

27

개량한 교자상을 주 메뉴로 판매했다는 것이다. 특히 단체 회식은
물론이고 회갑과 혼례 연회를 할 수 있다고 했으니, 말 그대로
조선 음식을 판매하는 첫 번째 전문 음식점이 바로 명월관이었다.

더욱이 교자상을 배달까지 했다니, 지금의 한정식 출장 요리의
역사가 여기에서 시작했다고 해도 지나친 말이 아니다.

조선의 음식을 판매하고 연회장으로서의 역할을 수행하며
교자상을 배달까지 해 주는 조선 최초의 요리집의 탄생은
그야말로 획기적인 일이었다.

〈명월관과 기미독립선언서 낭독 사건〉

1919년 3월 1일 오전 11시가 넘자 명월관 인사동 분점으로
한두 명씩 사람들이 모여들었다. 명월관 인사동 분점은 원래
중종반정 때 공신 구수영의 집이었는데 후일 안동 김 씨 김홍근의
소유가 되었다가 헌종의 후궁 경빈 이 씨의 순화궁이 되었다.
그러다가 순화궁이 이전하게 되자 이완용이 소유하게 된 것이다.
이 집에는 태화정과 부용당이란 아름다운 정자가 있었고 부용당
앞에는 영조가 친필로 잠용지란 현판을 걸게 한 연못이 있었다.
인현왕후의 생가인 이곳에서 인조가 어린 시절을 보냈기에
태화궁이란 이름이 붙여졌다.

이완용이 집주인이 되면서 자꾸 이변이 일어나기 시작했다.
어느 날 이완용의 아들 이항구가 조카 한상용과 당구를 치고
있는데 갑자기 하늘이 캄캄해지더니 난데없는 소나기가 오며
벼락이 때려 정원에 있는 고목을 분질러버렸다. 또 이유도 없이
항아리 6개가 깨어지기도 했다. 그런 일을 두고 사람들은 나라
팔아먹은 매국노에게 하늘이 벌을 준 것이라고 수군댔다. 괴이한
변괴가 잇따르자 이완용은 급기야 이 집을 팔려 내놓았고
황토마루 명월관이 화재로 불타버리자 안순환은 인사동에
명월관 분점을 열게 된 것이다.

이날 안순환은 천도교 손병희 교주가 주최하는 중요한 모임이 내일 점심에 있으니 다른 손님들을 받지 말고 33인분의 점심을 준비하고 각별히 신경을 써달라는 전화를 받았다. 평소 명월관의 중요한 손님인 손병희 교주의 예약이라 단순한 종교적인 모임이라고 생각했지만 막상 모임에 참여하는 사람들을 보니 천도교와는 관계없는 사람들이었다. 평소 같으면 이 집에 들러야 할 이유가 없는 사람들이 모여들기 시작하자 안순환은 뭔가 불안했다.

당초 독립선언은 고종황제의 국장날인 3월 3일 발표하기로 예정되어 있었으나 국장날에 거사를 한다는 것은 붕서한 황제에 대한 불경이라 피하였고 3월 2일은 일요일이라 기독교계 민족대표들이 찬성하지 않았다. 결국 3월 1일로 날짜가 잡혔고 서울에 있는 민족대표들이 어제 손병희의 재동 집에 모여 논의를 하고 발표 장소만 명월관 인사동 분점으로 변경한 것이다.

이날부터 명월관 인사동 분점의 영업은 정지되었다.

기미독립선언 이후 일인들은 한국 사람이 세 사람만 모여 있어도 감시하기 일쑤였다. 요릿집은 상대적으로 자유로웠기 때문에 애국지사들은 요릿집에 잠입하게 되고 명월관은 우국지사들의 연락장소로 쓰이기도 했다.

명월관 인사동 분점은 1921년 2월에 감리교 단체에 이십만 원에 팔려 그곳에 태화여자관이 설립되었다.

태화여자관

선교사 마이어스(Myers : 한국 이름 마의수)가 1921년 옛 명일관 건물에 세운 사회복지관인데 여성들을 대상으로 교육, 위생, 생활 개선 사업 등을 전개하고 여성 인권 신장을 비롯한 아동 건강 사업을 펼쳤다.

Part Two

Who & What

© Prarinya

한식조리사

　한식조리사는 한국요리인 한식과 조리사의 합성어로 한국
사람이 먹는 전통 음식을 조리하는 기능인이라는 뜻이다.
기능별로 분류하자면 주식류, 부식류, 후식류로 나눠볼 수 있으며
주식과 부식은 확연히 구분되며 부식의 숫자가 월등히 많다고
알려져 있다.
　한식조리기능사는 한국기술자격검정원에서 실시하는
필기시험에 합격해야 하며, 합격 후 2년간 실기시험에 응시할 수
있다. 실기시험에 합격하면 한식조리기능사 자격증을 부여받을
수 있으며 응시 자격에는 연령, 학력, 경력, 성별, 지역 등의
제한은 없다.
　고용노동부의 조사결과에 따르면 국가기술자격 검정은

556종이 있었으며, 전 종목 응시자 중 가장 많은 상위권 다섯
종목을 분석한 결과, 4개의 컴퓨터 관련 자격증을 제외하고는
한식조리기능사가 유일하게 4위에 올랐다고 한다.

종합하건대 한식조리사란 한국의 전통음식, 식문화, 조리법,
식재료, 맛, 위생 등의 핵심어와 관련이 있는 직종으로 한국의
전통음식 문화와 조리법을 이해하고 이를 주방에서 식재료를
맛있게, 또 위생적으로 음식으로 만드는 사람이라고 정의해볼 수
있다.

그렇다면 한식조리사의 임무는 무엇일까.

우선 한식조리사는 이것을 판매 담당하는 이로서 한식당의
상차림에 대한 기획, 식재료 준비, 개업 준비,
주식류/부식류/후식류를 조리하는 방법, 주방 위생 안전 및 관리,
자기개발, 한식당 운영 관리 등의 업무를 처리할 수 있어야 한다.

즉, 단순히 요리만을 다루는 요리사도 있지만 직접 식당의
운영과 고객에 대한 서비스 마인드를 가지고 요리를 창작, 조리할
수 있어야 한다는 뜻이다.

먼저 상차림을 기획한다는 의미는 무엇일까.

여기에 포함되는 작업으로는 한식당 상권을 분석하고,
상차림의 구성을 기획하고, 주방의 설비에 대해 계획하며,
주방인력을 어떻게 배치하고 뽑을 것인지 결정, 조리기구 구매,
식기류 및 소모품을 구매하는 전반적인 작업이 포함된다고 볼 수
있다.

상차림을 기획하는 데 있어 상권 분석은 필수적일 수밖에 없다.
식당의 종목에 따라 유동인구, 음식을 선호하는 연령대, 성별
등의 사전조사는 물론 경영자로서 사업장 설립 이전에 필요한
내용을 검토해볼 필요가 있기 때문이다.

그러나 이것이 요리사로서의 본격적인 업무라고 보기는
힘들고, 다만 사업장을 경영하는 요리사(주방의 책임자)라면
자신의 음식이 판매되는 기본적인 조건에 대해 사전 조사가
필요하다는 의미로 이해하면 좋을 것이다.

식기류 및 집기류의 구입에도 요리사의 손길은 필요하다.
요리를 만들고, 이를 담아내는 모든 종류의 물건에 대해 요리사는
그 쓸모와 내용을 파악하고 있어야하기 때문이다.

한식 식재료를 준비하는 일도 요리사가 알아두어야 할 일이다. 경우에 따라서는 직접 식재료를 구입하러 다닐 수도 있어야 하고, 식재료의 신선도, 종류 등에 대해 잘 검수해야만 완성도 있는 요리를 만들 수 있기 때문이다.

작업은 보편적으로 식재료를 판매하는 시장 조사, 식재료 선정, 식재료 구매요청 및 구매, 식재료 검수, 분류, 보관, 협력업체와 원활한 관계 유지 등을 하는 행동이 모두 포함된다.

특히 식재료를 공급하는 등의 협력업체와 원활한 관계망을 유지하고, 소통을 하는 것은 요리사에게 중요한 자질이다.

우리나라 식재료 시장은 약 20조원 이상의 규모를 지닌 것으로 조사되었는데, 그만큼 규모가 큰 시장에서 좋은 식재료를 공급받기 위해 식재료 협력업체에 대한 정보 관리 및 의사소통 능력은 필요한 자질이다.

식재료를 받았다면 이를 관리하는 것도 역시 요리사의 몫이다. 재료를 손질하고 보관해 이를 요리로 만들어 내기 위해 기초적인 작업을 해야 하는데 한식의 경우엔 다음과 같은 작업들을 주로 하게 된다.

냉동육류와 생선류가 있다면 해동하기, 재료 손질, 채소와 해산물 손질하기, 양념류 만들기, 말린 식재료에 대한 보관과 손질 등의 작업을 할 수 있다. 이중 육류 및 생선류의 해동은 방법과 보관에 따라 미생물이 증식하거나 색과 품질이 변화할 수 있기 때문에 요리사가 재료에 대한 과학적이고 체계적인 이해를 갖추고 해동 및 보관을 실시해야 한다.

한식에서 주식류로 분류되는 음식은 밥, 죽, 미음, 응이, 국수, 수제비, 만두, 떡국 등이 있다. 따라서 한식조리사는 위와 같은 주식류를 선택해 이를 조리할 수 있어야 한다.

부식류 역시 마찬가지이다. 한식은 보통 밥을 주식으로 하고 그 외 반찬들을 부식으로 삼는데 부식의 종류가 워낙 많아 조리법도 다양하다. 일반적인 분류상 약 1,500여 가지로 나누고 있으며 이

비율이 전체 한식 조리의 50%이상을 차지한다고 한다.

곡물류의 가공이 가장 다양하며, 건조하거나 저장, 김치와 같은 발효 식품이 그 뒤를 잇는다.

한식에서 후식은 생경한 단어처럼 들리지만 사실 식탁에서 자주 접한 익숙한 분류이다. 한식에서 후식은 약 25%정도를 차지하는데, 종류로 따지자면 약 750여 가지 정도가 된다고 한다.

그러나 이처럼 많은 종류에도 식당에서 조리해 판매되는 가짓수는 그리 많지 않은 편이다. 주로 식혜, 오미자 화채, 수정과, 경단, 정과류, 생과일 후식, 다식, 약식 등이 대부분이다.

대표적인 한식음식은 다음과 같다.

■ 밥

밥은 주로 쌀로 지은 흰밥을 먹는 편이지만 요즘은 건강을 고려해 잡곡밥을 선호하는 추세다. 잡곡밥이란 보리, 조, 수수, 콩, 팥 등을 섞어 지은 밥이다. 밥을 짓는 방법은 곡물에 물을 함께 넣고 끓여서 수분을 흡수시켜 밥알이 통통해지도록 만들고, 어느 정도 익으면 뜸을 들여 찰기를 부여해 맛있는 밥을 완성할 수 있다.

■ 국, 탕, 찌개

부식류이지만, 밥과 함께 밥상에 거의 매 끼니마다 올라오는
기본적인 반찬류이다. 보통 맑고 물이 많은 쪽을 국, 탁하고
국물이 자작한 음식을 찌개라고 표현한다.
또 국보다는 찌개의 간이 센 편이다. 국은 주로 장과 육류를
통해 맛을 내고 여름에는 미역, 오이 등으로 차가운 냉국도
만든다. 찌개는 맛을 내는 재료에 따라 이름이 붙여지며 주로
된장찌개, 김치찌개가 많이 상에 오른다.

■ 나물

나물은 가장 대중적인 반찬 중 하나로 건강과 채식을 고려하는
한국식 식단에 안성맞춤이다. 나물 재료로는 거의 모든 채소가
쓰이는데, 푸른 잎 채소는 끓는 물에 파랗게 데쳐 내어 갖은
양념으로 무치고, 고사리, 고비, 도라지는 삶아서 양념하여
볶는다. 말린 취, 고춧잎, 시래기 등은 불렸다가 삶아서 볶는다.
나물은 참기름과 깨소금을 넉넉히 넣고 무쳐야 부드럽고
맛있다.

■ 구이, 적

구이는 불을 이용해 재료를 구워 조리한 음식이다. 끓이거나
졸이는 음식들은 그릇에 담아내었기 때문에 그릇의 발생과 그
역사를 함께 하지만, 구이는 불을 이용해 만든 음식류 중 가장
앞서는 음식이다. 우리 조상들은 상고시대부터 구이류를 즐겨
먹었다는 기록이 있다. 적은 육류와 채소를 양념해 꼬치에 엮어
먹는 음식이다. 익히지 않는 재료를 꼬치에 꿰면 산적, 양념해
익힌 재료를 꼬치에 꿰거나 전을 부치듯 지지면 누름적이라고
한다.

■ 장아찌

장아찌는 농사가 지금처럼 사계절의 영향을 받지 않고 할 수
없던 시절에 재료를 절여 채소가 잘 나지 않는 계절에 먹던
방식에서 유래한 음식이다. 채소류를 장류에 절여 먹는데
참기름, 설탕, 깨소금 등을 넣어 무친다.
장아찌는 채소를 말려 수분을 증발 시킨 다음 장을 넣어야
무르지 않고 상하지도 않는다. 마늘 장아찌, 깻잎, 무, 오이 등의
장아찌를 즐겨 먹는다.

앞서 이야기 했듯이 요리만을 다루는 것이 요리사가 아니기에
요리사는 위생과 안전에 대한 정보를 숙지하고 이를 실행에 옮길
수도 있어야 힌다. 주방에서 다양한 식품을 조리하는 요리사가
공간과 장비, 요리 그 자체를 잘 다루어야 위생적이고 안전한
음식 서비스를 마련할 수 있기 때문이다.
위생은 철저할수록 좋으며, 방법은 특별하지는 않다. 조리사는
하루에도 수차례씩 손을 씻고, 복장을 점검하고, 소독과 청소도
담당해야 한다. 또 주방의 보관소(주로 냉장고)의 온도와 청결도

유지할 수 있어야 한다.

무엇보다 식재료의 유통기한 관리도 중요하다. 주방의 위생과
안전뿐만 아니라 식재료에 대한 꼼꼼한 점검을 통해 보다
건강하고 맛있는 음식을 만들 수 있다.

다음은 경영이다. 물론 모든 한식조리사가 직접 경영에
관여하는 것은 아니다. 그렇지만, 경영 목표 즉 수익을 창출하고
보다 좋은 서비스로 고객을 응대하는 음식점의 목표에 요리사가
동참하는 것은 너무나 당연한 일이기에 기본적인 경영 마인드를
익혀둔다면 좋다. 물론 자신의 사업장이라면 더 중요하다.

한식조리사는 주방에 수리해야할 부분이 없는지 경영자와 잘
조율해야 하고, 또 직원들을 교육하며, 식재료 원가 조사,
단골고객에 대한 응대 등에 대한 고민을 경영자의 입장에서
생각할 수 있어야 한다.

위와 같은 정보들을 종합해 볼 때, 한식조리사는 손맛이 좋은
요리사인 것은 기본이며, 조리사의 업무를 잘 파악해 세분화된
직무를 잘 수행해 내야 할 것이다.

흔히 우리가 레스토랑 이라고 부르는 식당에서 근무하는 이들이다. 편하게 정의하자면 양식 식당에서 각종 육류, 면류 등의 서양식 요리를 조리하는 사람들로 규정지어 볼 수도 있다.

그렇다면 서양요리란 무엇일까.

한국에서는 프랑스 · 영국 · 독일 · 이탈리아 및 미국의 요리가 혼성된 것으로 통용해 사용하고 있다. 하지만 실제로 서양요리의 중심은 프랑스 요리가 대부분이며, 국제적인 연회에서는 프랑스식의 조리법이 사용되고, 메뉴도 프랑스어로 적는 것이 관례이다.

서양요리에 공통되는 특징은, 육류나 유지를 주재료로 쓰고 스파이스(바닐라 · 레몬 · 에센스 · 후추 · 고추 등의 향신료)를 많이 넣어 조리하는 것이다.

서양요리가 한국에 전래된 것은 정확하게 알려져 있진 않지만 개화기와 더불어 곳곳에서 생겨난 것으로 현재로선 추측하고 있다.

1883년(조선 고종 20) 주미전권공사로 미국에 간 민영익과 그 수행원 유길준 등이 서양요리를 맛본 첫 번째 인물이고, 1895년에 러시아 공사 K.베베르의 부인이 서양요리를 손수 만들어 러시아 공사관에 파천중인 고종에게 바쳤다는 기록이 있다.

서양요리가 궁중에까지 진출한 것은 베베르의 처형인 손탁의 영향이 컸고, 1897년 이후 그녀가 직접 손탁호텔을 경영하면서부터는 상류사회까지 서양요리가 보급되었다. 수미대리공사를 지낸 이하영은 집에 서양요리의 숙수를 고용할 정도로 인기였다고 한다.

1930년에는 국내 최초로 서양요리책이 발간되었고 (경성서양부인회 편), 일제 강점기에는 학교 가사 시간에 서양요리를 가르치기도 했다. 이후 광복을 지나 오늘날까지 서양음식은 우리 식생활에서 큰 비중을 차지하게 되었다.

© Oaklizm

대부분의 서양요리는 합리적이고 영양가가 높은 편인데, 다음과
같은 공통점을 지닌다.

　서양요리는 아침, 점심, 저녁, 정찬, 차 마시는 시간 등에 따라서
차리는 음식과 조리방법이 다르고, 재료도 다양하다. 또 재료의
분량과 배합, 익히는 방법이 체계적이고 과학적이어서
조리과정에서 재료나 영양분의 손실이 비교적 적다. 나아가
식품의 사용이 넓고, 식물 배합에 따른 음식의 빛깔, 맛의 변화,
그릇에 담는 방법 등이 합리적으로 연구되어 있다. 건열조리가
발달했는데, 오븐을 주로 사용하여 식품의 맛과 향기를 잘 살릴
수 있다. 소금, 후춧가루, 버터가 기본 조미료로 쓰이며 개인의
기호에 따라서 간과 맛을 조절할 수 있다. 음식 위에 소스를
끼얹어 맛과 영양을 보충하며, 음식에 따라 향신료와 주류를 많이
쓴다.

　서양에서는 식사 양식이 끼니마다 다르고, 식사 종류로는 아침,
점심, 저녁, 정찬 등이 있다. 먼저 아침식사는 가족끼리 아침에
먹는 식사로 대부분 가벼운 아침식사를 하지만 보통 차림의 아침
식사, 여러 가지를 갖춘 아침 식사 등 3가지가 있다.

© Ryzhkov

© Denizo71

첫 번째 식단은 과일 또는 과일 주스·토스트·음료 등이고, 두
번째 식단은 과일 또는 과일 주스, 곡류음식, 달걀, 빵, 음료
등이며, 세 번째는 과일 또는 과일 주스, 곡류음식, 달걀과 베이컨,
빵, 음료 등이다.

점심은 아침보다는 조금 더 차림이 많고, 양도 많은 편인데,
샌드위치로 가볍게 먹는 경우와 일품 요리 또는 육류 요리와 채소
요리까지 곁들이는 경우가 있다.

샌드위치를 먹을 때의 식단은 수프, 샌드위치, 샐러드, 후식,
음료 등이고 일품 요리 식사의 식단은 일품 요리, 샐러드, 빵,
후식, 음료 등이다.

서양요리의 저녁식사란 간소하게 먹는 저녁식사와 주된
요리에 수프 등을 갖춘 가족 디너가 있다. 가족 디너의 식단은
수프(또는 과일 칵테일), 주요리(생선 또는 고기 요리), 샐러드, 빵,
후식, 음료 등으로 구성된다.

서양 요리에는 정찬이라는 개념이 존재한다. 손님을 초대해서
대접할 때 또는 행사가 있을 때 차리는 성찬을 정찬이라고 하는데
점심 때 차리는 것을 오찬, 저녁 때 차리는 것을 만찬이라 한다.

정찬의 풀 코스는 전채요리, 콩소메, 생선요리, 앙트레(부드러운
닭 또는 양고기요리), 고기요리, 샐러드, 후식, 드미타스 커피로
이루어진다. 전채요리는 오르되브르 또는 애피타이저라고도
한다.

정찬에 곁들이는 음료로는 식욕 촉진을 위한 칵테일류, 셰리,
뒤포네(포도주의 일종)·주스 등이 있으며, 전채요리에는 셰리,
생선요리에는 백포도주, 고기요리에는 적포도주를 쓰고,
축하연일 때는 샴페인을 쓴다. 탄산수와 물은 식사 중 필요할
때마다 요구할 수 있고 식후에는 별실에서 리큐어 또는 브랜디,
위스키 등으로 마무리를 한다.

서양식의 티 타임이란 오전 10시경과 오후 3시~5시에
가족끼리 또는 가까운 사람들과 함께 거실이나 식당 또는 정원

등에서 갖는 차시간이다. 계절에 따라 시원한 과일주스를 내거나
따뜻한 커피나 홍차를 마련하기도 하는데, 쿠키, 케이크,
샌드위치, 페이스트류, 비스킷류, 머핀, 빵 등을 곁들이기도 한다.

　뷔페는 좁은 공간에서 많은 사람들이 식사할 때 이용하는
형식이다. 준비된 음식을 각각 큰 그릇에 담아놓으면 먹을 사람은
각각 자기 접시에 알맞은 양의 음식을 덜어다 먹는 방법으로,
점심ㆍ저녁 구별 없이 차리는 상차림이다.

　이는 일반적인 가정식에서의 서양요리 차림에 대한
설명이지만, 외식의 경우도 크게 다르지 않다. 식사 순서에 따라
음식점에서도 코스별, 메뉴별 선택을 통해 위와 같은 음식을 즐길
수 있다.

　한국에서 양식조리사가 되려면 양식조리사 자격증을 취득해
두는 것이 좋다.

　식품위생법에 따르면 병원, 학교, 정부투자기관 등 집단급식소,
복어조리업, 120㎡ 이상인 식품 접객업자는 조리사 자격증을
소지한 자를 채용하게 되어 있으며, 호텔을 비롯해 규모가 큰
음식점에서도 자격 소지자에 한해 조리사를 채용하는 경우가

많다.

또한 호텔이나 레스토랑, 전문식당은 채용 시 응시 자격을
전문대학 이상의 조리 관련 학과 졸업자로 제한할 때가 많으므로
해당 분야에 진출하기를 희망하면 관련 학과를 전공해야 한다.

조리과학고등학교, 전문계고등학교의 조리과 및 식품공업과,
대학의 식품조리학과, 외식조리학과, 조리과학과 등 조리 관련
학과가 개설된 학교에서 조리에 대한 이론과 실무지식을
체계적으로 쌓아 두면 좋다.

학교 이외에도 사설요리학원이나 여성인력센터 등에 개설된
교육과정을 습득하여 조리 관련 지식을 쌓거나 양식 음식점에서
보조원으로 근무하면서 조리 기술을 익혀 활동하는 방법도 있다.

양식조리사가 하는 일은 역시 조리업소에서 하는 조리사의
일반적인 업무를 포함한다. 위생복과 위생모를 착용하고 손을
소독하는 일, 식기 및 요리기구와 장내를 청결히 관리해 음식물의
위생과 식품 안전을 지킨다.

또 주문서나 식단계획표에 따라 재료를 주문하기도 하고,
식료품의 상태를 검수하고 관리하는 일도 담당한다. 식재료를
식단과 주문량에 맞춰 선택하여 다듬고 세척하는 일도 역시
조리사의 몫이다. 각종 양념 · 조미료 등을 준비해야 하며,
오븐 · 솥 · 토스트 · 전자렌지 · 믹서 등 각종 요리 기구를
사용하여 적당한 조리법에 따라 요리할 수 있는 전문성이 있어야
한다.

직급에 따라선 주방장을 보좌하기도 하고 주문 받은 메뉴를

정확한 조리법으로 조리하고, 음식재료를 사용하는 기구 및 장소의 청결을 관리할 수 있어야 한다.

일반적으로 조리사의 역할과 크게 다르지 않지만 역시 식품 안전과 건강에 대한 섬세한 배려가 필요한 만큼 적성을 생각해볼 때 이러한 사항을 검토해보면 좋다.

양식조리사의 평균 임금은 3,500만원 내외이며, 15년 이상 경력을 쌓으며 전문성을 인정받으면 조리장으로 승급할 수 있고 연봉도 전문성에 따라 처음의 2배 이상을 받을 수 있다. 총 주방장의 경우 1억원 이상 고액의 연봉을 받을 수 있기도 하다.

2020년을 기준으로 할 때 양식 조리 관련 자격증 가운데 '양식조리기능사' 자격증을 취득한 사람은 29만 3627명이었으며 '조리(양식)산업기사'와 '조리기능장' 취득자는 425명과 793명에 불과했다. 자격증 취득자는 1983년부터 2020년까지 약 29만명에 달하지만 양식조리사로 근무하는 사람은 약 7만 명이 넘는 것으로 집계되었다.

양식조리사의 고용 전망은 현 상태를 유지하거나 다소 증가할 것으로 보는 편이다.

통계청의 '전국 사업체통계조사' 자료에 따르면 양식음식점업수는 2013년 9,954개, 2015년 11,204개에서 2018년 12,607개로 매년 꾸준하게 증가하고 있다. 불황 속에 업계간 양극화가 심화되고, 외식업체의 대형화 및 고급화 추세 속에서 영세업체의 경영난이 심각한 상황이지만 최근 푸드트럭을 창업하거나 청소년과 젊은이들이 조리사 직업에 종사하면서 양식음식점 수가 늘고 있다.

　반면에 생활수준의 향상과 여성의 사회활동이 확대되며, 가족 단위의 외식문화가 정착되고 있다는 사실은 주목할 만하다. 또한 패스트푸드, 패밀리레스토랑, 집단급식과 같은 신규사업부분이 빠르게 성장하며, 대기업과 호텔업계의 외식산업 참여가 이루어지고 있는 점은 향후 양식조리사의 일자리에 긍정적인 영향을 미칠 것으로 보인다.

　통계청의 『가계동향조사』에 따르면 가구당 월평균 외식비 지출액은 1995년 11만 6천 원에서 2005년 24만 7천원으로 두 배 이상 증가했으나 2016년 33만 5천원, 2020년 30만 9천원으로 증가세는 살짝 감소 추세에 있다. 이에 따라 폐업이 증가하는 일반음식점에서의 신규 일자리 창출은 부정적이나 패밀리레스토랑이나 대형 체인 음식점 및 프랜차이즈 외식업체, 집단 급식소 등에서의 조리사의 일자리 수요는 증가할 것으로 보인다.

　특히 젊은 층을 중심으로 서양조리기법과 동양조리기법의 장점만을 조화시켜 새로운 맛을 만들어 내는 퓨전음식에 대한 수요가 높아짐에 따라 한식, 양식, 일식 등 여러 분야의 전문적인 조리 능력을 갖춘 조리사에 대한 수요가 증가할 것으로 예상되고 있다. 그러나 일반음식업소들의 경우 영세한 곳이 많아 상대적으로 근무환경이 좋고 임금수준이 높은 호텔이나, 고급 레스토랑, 프랜차이즈 외식업체 등의 경우 경쟁이 치열할 것이다.

중식조리사

중식조리사는 말 그대로 중식요리를 조리하는 전문 기능인이다. 뿐만 아니라 다른 조리사들처럼 역시 주문서나 식단계획표에 따라 재료를 주문하기도 하고, 재료의 상태를 검수하고 관리해야 한다. 요리기기를 조작·점검하고 이상 유무를 확인한다. 식단과 주문량에 따라 재료를 선택하여 다듬고 세척한다. 요리기구(솥, 들통, 국자, 화덕, 냄비, 용기, 온도계, 스푼, 체, 주걱, 도마, 칼, 채반, 구절판, 프라이팬, 숯, 가스기구, 석쇠 등)를 사용하여 각종 중식요리(소스·육수, 냉채, 튀김·볶음·구이 요리, 스프 및 탕 요리, 찜 및 조림 요리, 딤섬 및 만두 요리, 면 요리, 밥·죽 요리, 절임 및 부식 등)를 조리한다. 조리가 완료되면 조리법, 재료의 특성에 따라 적당한 그릇을 선택하여 담아낸다. 조리된 음식의 맛, 영양상태 등을 파악하고 점검 및 개선할 수 있어야 한다.

중식요리는 일반적으로 서양식에 비해 에티켓이 보편적으로 알려져 있진 않지만 오랜 문명과 함께한 식문화인 만큼 현대에 이르기까지 살펴보아야 할 중화요리 식문화가 존재한다.

주로 고급 중화요리는 방처럼 생긴 룸에서 먹게 되는데 룸에서 식사할 경우 안쪽이 상석이고, 문 쪽이 말석이라는 걸 알아주면 누구와 식사하느냐에 따라 또 요리사가 어떤 요리를 가져올 때 응대할 수 있는 자리를 정하기 쉽다.

요리를 먹을 때는 접시가 놓여 있는 회전 테이블은 시계 방향으로 돌리는 것이 기본이며, 상석에 앉은 사람이 요리를 먼저 덜고, 회전 테이블 위에 놓인 요리가 내 앞에 오면 개인 접시에 적당량을 덜어낸다. 또 요리를 먹을 때 개인 접시는 테이블에 둔 상태로 먹는다. 일식과 다른 점은 개인 접시랑 수프 그릇을 손으로 들고 먹어서는 안 된다는 점이다.

중식은 향의 요리라고 해도 과언이 아닌 만큼 요리의 맛과 향이 섞이지 않도록 개인접시는 새로운 요리가 나올 때마다 교체해서 사용한다.

　음식은 먼저 덜었다고 해서 바로 먹어서는 안 된다. 전원이 다
덜고 나면 먹는다. 또 요리는 전원에게 돌아갈 수 있도록
처음에는 약간 적은 듯이 담는다. 한 번씩 덜어낸 다음에도
요리가 남아 있으면 여러 번 가져다 먹어도 된다.

　중국 요리에서는 회전 테이블 위에 놓여있는 조미료를
사용해서 각자의 취향대로 자기 앞으로 돌려서 사용한다.
조미료는 식초, 간장, 고추기름, 겨자가 있는 것이 일반적이다.

　렝게(중국식 숟가락)는 왼손에 쥐고, 젓가락은 오른손에 쥔다.
그리고 젓가락으로 요리를 렝게에 정리해 넣듯이 해서 입으로
가져간다. 면류도 같은 요령으로, 그릇에서 직접 후루룩 거리며
먹지 않는다. 스프를 먹을 때는 렝게를 오른손에 바꿔 든다.

　중식 요리는 넓은 대륙의 영향 덕분에 독특한 재료와 더불어
독특한 요리법이 잘 발달했다. 워낙 요리의 종류가 많아 지역별로
요리의 종류를 분류할 정도이다. 중국의 본격적인 요리와
한국에서 중화요리의 차이가 있는 만큼 여기서는 한국에서
중식당에서 먹을 수 있는 요리들 위주로 간추려본다.

© gnohz

■ 탕수육(당초육)

생선이나 고기를 양념하여 튀겨 내어 그 위에 끓인 녹말 소스를
뿌린 음식이다. 한자로 '당'은 설탕이고, '초'는 식초이니,
당초란 설탕을 식초와 섞어 걸쭉하게 끓인 소스를 뜻한다는 걸
알 수 있다.

■ 류산슬(류삼사)

돼지고기와 파 등 세 가지 재료를 실처럼 갈쭉하게 채 썰고, 그
위에 달콤한 녹말 소스를 뿌린 것이다.

■ 깐풍기(건팽계)

튀긴 닭고기에 소스를 얹어 살짝 끓인 요리이다. 팽(烹)은 튀긴
재료를 간장과 기름을 넣고 강한 불로 살짝 끓이는 것을
말한다. '기'는 계(鷄), 즉 닭을 중국음으로 읽은 것이다.

■ 라조기(랄초계)

양념한 닭고기를 튀겨, 여러 야채와 함께 맵게 볶은 요리이다.

랄초(辣椒)는 고추를 말한다. 랄(辣)은 맵다는 뜻이다.
신랄(辛辣)한 비판은 매서운 비판이다. '기'는 깐풍기의 '기'와
마찬가지로 닭을 말한다.

■ 난자완스 (남전환자)
고기를 다져 둥글게 빚은 것을 양념해서 여러 야채와 함께 볶은
요리이다. 전(煎)은 기름을 두르지 않고 그냥 볶아서 익히는
것이다. 완스는 환자(丸子)를 중국식으로 읽은 것이다.
동그랗게 빚은 모양을 말한다.

■ 오향장육
다섯 가지 향을 내는 오향(회향풀, 계피, 산초, 정향, 진피)으로
향을 낸 간장에 돼지고기를 조려 얇게 썬 요리이다.

■ 팔보채
팔보, 즉 여덟 가지 진귀한 재료를 함께 볶은 요리이다. 해삼과
새우, 오징어 같은 해물과 죽순 같은 채소를 함께 볶는다.

■ 기스면 (계사면)
닭 가슴살을 실처럼 찢어서 삶은 국물에 가늘게 뽑은 밀국수를
넣고 끓인 면이다.

■ 삼선자장면 (삼선작장면)
자장면에 돼지고기, 닭고기, 새우, 전복, 죽순, 표고버섯, 해삼
가운데 세 가지 재료를 넣어 만든 음식으로 한국에서도
즐겨먹는다.

중식 요리는 한국에서도 많이 접할 수 있는 외래요리로
요리사가 되기 위해서 도전하는 이들이 퍽 많은 편이다. 특히

자영업자로서 주방장이자, 요리사를 겸하는 이들이 많은데
이들의 학력분포는 다음과 같다. 중화조리사의 학력 분포는 고졸
이하, 전문대졸, 대졸, 대학원졸 순서로 나눠볼 때 각각 84%, 9%,
6%, 1%의 비율을 차지하고 있는 것으로 조사 되었다.
전공학과로는 인문계열이 14%, 사회계열이 9%, 교육계열이 1%,
공학계열이 18%, 자연계열이 59%로 가장 많았으며,
예체능계열이 1%로 조사되었다.

일하는 환경이 기름과 고온 등 화상의 위험이 있는 만큼 업무
시 늘 화상에 유의해야 하고 경미한 자상이나 칼에 베이는 일들이
없도록 숙련된 기술을 익히도록 노력해야 한다. 또한 주방의 더운
온도 속에도 계속 서서 근무하는 조건임을 알고 있어야겠다.

호텔이나 식당, 주점에서 일식을 조리하는 사람들이다.
위생복과 위생모를 착용해야 하며, 기타 사항은 다른 조리사들과
크게 다르지 않으니 위의 정보들을 참고하도록 한다.

일식조리사들이 다루는 재료와 음식은 당연히 일본의
식문화와 연관이 있는데, 섬나라인 일본의 환경적 요인의 영향
때문에 생선 요리와 튀김 요리가 발달해 있다. 조리사는 식문화과
즐겨 먹는 음식의 재료 등에 대한 이해가 풍부해야 하므로 일본의
식문화 및 식재료에 대한 특징을 살펴보자.

일본의 바다는 난류와 한류가 마주치는 곳이어서 세계에서도
보기 드문 풍부한 어장을 형성하고 있다. 일본에는 동물성
단백질의 대부분을 생선에서 섭취하는데, 국토가 그다지 넓지
않지만 그 동부와 서부에서는 음식의 종류와 요리 양식이 많이
다르고 먹는 생선의 종류도 지역에 따라 천차만별이다.

살이 빨간 연어는 동부 일본 사람들이 즐겨 먹는 생선이다.
소금에 절인 연어는 연말이 되면 정월 선물용 생선으로 동부
일본의 어느 시장에서나 일제히 팔리고 있다.

한편 서부 일본에서는 살이 흰 방어를 즐겨 먹는다. 소금
조림한 방어는 연말의 대표적인 선물용 생선으로 되어 있다.

일본의 동부와 서부는 토양의 질이 다르기 때문에 생산되는
야채도 다르고 사람들의 기호도 매우 대조적이다.

오랜 옛날부터 일본열도에서 살고 있던 아이누 민족은 연어를
하늘이 내려주신 선물로 여겨왔다. 살을 에는 듯한 차가운
겨울비가 내리는 무렵이 방어잡이의 한창때이다. 특히
구튜누시라고 불리는 것은 천둥번개가 요란한 때에 많이
잡힌다고 한다. 이 시기에 잡은 방어는 서부 일본 사람들의
입맛을 돋워 주는 생선이다. 세계에서도 최고의 어장에 둘러싸인
일본에서 당연히 생선 조리법도 그 종류와 방법이 다양하다.
이러한 갖가지 조리법을 구사하여 머리에서 꼬리까지 통째로
요리한다.

일식 용어로는 사시미라고 불리는 생선회는 오늘날
서양에서도 잘 알려져 있는 요리인데 그것이 원래는 날 생선을
식초에 절인 것이었다는 것은 별로 알려져 있지 않다. 그렇지만
생선회는 본래의 맛을 중하게 여기는 일본의 독특한 고전적
방식의 하나라는 것은 확실하다.

복어는 대장에 맹독을 가지고 있어서 미국에선 수입이 규제된
적도 있다. 복어를 다루는 조리사는 일본 정부의 면허가 필요하며
복어는 생선회로 먹는 것이 으뜸이라는 것이 복어요리사들의
주장이다.

옛날에 일본에서 눈이 많이 내리는 고장에서는 추운 겨울을
넘기기 위하여 가을에 잡은 연어를 눈 속에 묻어서 저장하였다.
이것이 얼린 연어를 생선회로 한 '우이베'의 원형이다.

'다시'라는 국물은 요리의 맛을 돋구는 스프로 가다랭이포와
다시마를 끓여서 만든 것이다. 해산물의 풍미를 조림 요리에
첨가하는데 일본 요리의 맛을 낼 때 꼭 필요한 것이다.
나베모노라 하여 여러 가지 요리를 냄비에 넣고 끓이는
따끈따끈한 일본 요리도 있다. 생선찜도 매우 즐겨 먹는
조리법이다. 재료에 열이 직접 닿지 않기 때문에 그 풍미와
영양이 파괴되는 것을 최소한 막을 수가 있다. 도미는 특별한
날에 요리재료로 쓰인다.

튀김도 일본인이 좋아하는 요리이다. 튀김옷을 묻히고 펄펄
끓인 대량의 기름에 재빨리 튀겨낸다. 튀김옷을 입히지 않고
튀기는 것은 가라아게라 한다. 생선구이는 소금구이가 제일이다.
소금을 듬뿍 바른 생선을 센 불로 굽는다. 이 때 불은 숯불이
이상적이다. 소금이 필요 없는 물기를 빨아들여서 생선이 본디
지닌 맛을 내도록 하는 것이다.

오늘날 일본 사람들이 쇠고기 같은 고기 소비가 늘어남으로써
생선의 소비량이 줄어드는 등 음식 관습이 차츰 변화하고 있다고
하지만, 생선은 오늘날에도 역시 일본요리의 중요한 부분을

© PhaiApirom

차지하고 있다.

일본요리에도 일정의 코스가 존재하는 데 일반적으로 다음과
같은 구성을 가진다. 조리사는 이 구성에 따라 요리의 메뉴를
선정하고, 순서를 고려해야 한다.

■ 츠키다시
츠키다시는 식욕을 촉진하도록 간단히 입가심을 하는 요리로
죽순두부, 달걀두부 등을 차게 해서 먹고, 겨울철에는
생선 · 미역 · 해삼 등이 쓰인다. 반주에 곁들이는 가벼운
술안주로 적당하다.

■ 센사이
정식요리의 첫 코스로 나오는 요리로 서양요리의
오르되브르나 중국 요리의 냉채와 같다. 해산물이나 들이나
산에서 나는 세 가지 재료를 써서 다양한 형태로 조리하여
아름답게 꾸민 가벼운 요리가 중심이 된다.

■ 스이모노(국)

종류는 많으나 크게 분류하면 맑은 장국과 된장을 풀어 끓인
탁한 국으로 나눌 수 있다. 일본의 국은 스푼으로 떠먹는 대신
젓가락으로 가볍게 저어 그릇을 입에 대고 마시며 내용물을
젓가락으로 건져 먹는다.

■ 사시미(회)

일본의 일품 요리를 대표하는 것이 사시미(생선회)이다.
일찍부터 생선 먹는 방법이 발달하여 계절에 따라 풍미가
다양한 요리가 등장한다. 생선회에 쓰는 재료는 무수히 많으나
재료에 따라 여러 가지 방법으로 썰어 생선회 문화라는 말이
생길 정도이다. 비스듬히 포를 뜨는 히키즈쿠리, 다랑어 등과
같이 살이 두꺼운 생선을 써는 가도즈쿠리, 흰살 생선에 소금을
뿌리고 다시마에 싸서 써는 곤부 시메즈쿠리, 살짝 데쳐 써는
유비키즈쿠리, 생선을 썰어 얼음물에 씻어 지방을 뺀 아라이
등이 있다.

■ 야키모노(구이)

구이에는 꼬챙이를 이용하거나 석쇠에 굽는 직접구이와 철판
등을 놓아 간접적으로 굽는 간접구이 등이 있다. 직접구이에는
아무런 양념 없이 불에 직접 구워 양념간장을 따로 곁들이는
시라야키, 미림, 간장을 발라 굽는 데리야키, 된장을 발라 굽는
미소야키 등이 있고, 간접구이는 냄비에 넣어 굽는 방법과
은박지 등에 싸서 굽는 츠츠미야키 등이 있다.

■ 니모노(조림)

다시마나 가다랭이포 국물에 간을 맞추고 육류, 어패류, 야채류
등을 넣고 조려서 연하게 조리한 요리이다. 반찬은 물론
술안주까지 일본인의 평상시 식단에서 없어서는 안 될 요리이다.

■ 스노모노(초무침)

스노모노는 재료에 설탕, 식초, 간장을 넣고 새콤하게 무치는
요리로 식사 도중 입안을 산뜻하게 하거나 입가심을 위한
것으로 서양요리의 샐러드와 비슷하다. 초무침은 적은 양으로
계절 감각을 나타낼 수 있어 일본요리에서는 빠져서는 안 될
요리이며, 요리 사이에 영양의 균형을 맞추기도 한다.

■ 소바(메밀국수)

계란과 고구마 전분을 첨가한 메밀가루로 만든 가늘고 긴
갈색을 띤 국수로 국물을 뜨겁게 해서 먹거나 차갑고 순한 간장
국물에 조금씩 찍어서 찬 음식으로 먹는다. 잘게 썬 파와 다른
양념을 조미료로 사용한다.

■ 우동(가락국수)

메밀국수보다 좀 더 굵은 우동은 밀가루로 만든 흰색의 일본
국수로 소바와 같이 차고 연한 간장 국물에 담갔다 먹거나 잘게
썬 파와 고춧가루를 넣은 뜨거운 국물에 말아먹는다.

■ 덴푸라(튀김)

해산물과 야채 등의 재료에 계란을 섞은 밀가루 반죽에 무쳐
식용유에 튀겨낸 것이다. 먹을 때는 달콤한 미림으로 맛을 낸
간장에 찍어 먹는다. 이 소스에는 채친 무와 생강을 넣어
먹는다.

■ 스시(초밥)

해산물과 야채 등의 재료에 계란을 섞은 밀가루 반죽에 무쳐
식용유에 튀겨낸 것이다. 먹을 때는 달콤한 미림으로 맛을 낸
간장에 찍어 먹는다. 이 소스에는 채친 무와 생강을 넣어
먹는다.

■ 스키야키

스키야키는 철판 위에서 끓인 고기야채 요리로 얇게 저민 연한
고기 조각과 두부, 곤약, 버섯, 파 등을 간장과 청주, 설탕으로
양념해서 끓인다. 그리고 식혀 먹기 위해 생달걀을 푼 작은
접시에 담아 먹기도 한다.

■ 덴동(튀김덮밥)

새우튀김 한두 개를 얹은 밥을 소스와 달콤한 쌀 술로 맛을 낸
독특한 양념간장에 찍어 먹는다. 약간의 소스를 밥 위에 얹어서
먹기도 한다.

■ 라멘

주로 일본인 입맛에 맞게 양념한 중국식 밀가루 국수를 간장
소스나 된장으로 양념한 맑은 국물에 말아서 먹으며, 얇게 저며
구운 돼지고기와 콩나물, 중국 죽순 등을 곁들여 먹기도 한다.

이들 구성과 더불어 일본요리의 특징으로서 손꼽히는
식재료이자, 사랑받고 있는 요리는 다음과 같다.

■ 쌀
일본은 수산국이면서 동시에 농업국이기도 하다. 기름진 땅과
따뜻한 기후가 풍성한 농작물 수확을 약속한다.
일본 역사의 모든 시대를 통하여, 쌀은 일본인의 식생활에
없어서는 안 되는 주식이 되었다. 기록에 의하면 1868년에
이르기까지 쌀이 납세나 임금 지불, 품삯 지불수단으로
쓰였다고 한다. 많은 일본 요리는 쌀이라는 주식을 먹기 위한
부식품에 지나지 않는다고 생각할 수도 있다.
이른 아침부터 고된 일들을 끝낸 농민들은 손수 키우고 있는
농작물의 생장 모습을 바라보며 김으로 싼 주먹밥 정식을 즐겨
왔다.
일본요리에 있어서 생선 다음으로 중요한 재료는 야채이다.
일본인에게 계절의 변화는 단지 옷을 갈아입어야 한다는 것
이상의 의미를 가지고 있다. 일본인들은 계절마다 얻게 되는
제철의 미각을 마음껏 맛보는 즐거움을 만끽하며 살아간다.
메밀은 예전에는 쌀의 대용품이었다. 일본 역사에는 쌀을
사치품으로 여겨 많은 사람들이 메밀 · 보리 · 고구마 같은
검소한 음식을 먹고 살아가야만 했던 시대도 있었다.
산마을 사람들과 평지 마을 사람들은 그 음식의 종류도 다르기
마련이다. 특히 야채는 현저하게 지역차이가 있다. 어느
지역에서 나는 음식재료이든 그 지역 특유의 조리법으로
조리된다.
동부 일본에서는 지방색이 짙은 메밀국수가 헤아릴 수 없을
만큼 많고 유명하다. 농촌에서는 자신이 만든 메밀국수를 먹는
일이 허다하다. 농민은 자신이 기르고 거두어들인 것들을
맛보고 먹음으로써 삼대에 걸친 가족 모두가 방 한가운데서

화롯불에 둘러앉아 정성이 깃든 따뜻한 음식을 즐기고 그런
훈훈한 저녁식사 대화도 오가고 하여 도시에서는 갖기 어려운
분위기를 맛볼 수가 있다.

■ 발효식품
일본도 우리와 같이 발효식품이 잘 발달한 나라이다.
사케라고 부르는 일본의 술 즉, 일본 정종은 '라이스 와인'이라
하여, 외국에도 잘 알려져 있다. 좋은 술은 질 좋은 쌀과 맑은
물이 어우러져야만 생산되는 것이다. 정종도 포도주나 맥주와
마찬가지로 누룩곰팡이를 이용한 발효식품이다. 습도가
높아서 발효하기에 이상적인 기후인 일본에서는 술 이외에
많은 발효식품이 있는데, 대표적으로 된장인 미소는 콩에
누룩곰팡이를 발효시켜 만든 것이다.
일본 각지에는 그 고장마다 특유의 미소(된장)가 있다. 이
미소의 역사를 더듬어 보면 불교 공부를 하러 중국 대륙에
건너갔던 승려들이 가지고 들어와 일본에 전했다고 한다.
미소는 일본인의 식탁에 반드시 올려지는 미소시루 즉,
된장국에 쓰일 뿐 아니라 갖가지 탕 요리나 부위 요리에도

쓰이는 일본요리의 기본적인 조미료의 한가지이다. 옛날
그대로의 나무통에서 빚어지는 일본 간장인 쇼유(장)도 일본의
맛을 대표하는 식품이다. 이것도 역시 발효식품이다.
오늘날 쇼유는 전 세계에 보급되어 쓰이고 있다. 프랑스 요리나
미국에서 유행하고 있는 데리야키의 소스로 두 쓰일 뿐만
아니라 그밖에도 여러 곳에서 갖가지로 사용되어 오래된
요리에 신선한 맛을 주고 새로운 재료의 탄생을 촉진하고
있다고 할 수 있다. 스키야키 · 생선회 · 튀김 · 스시 같은
외국에서 인기가 있는 일본 요리의 품목들의 모두가 쇼유
없이는 탄생하지 못하였을 것이다. 일본의 식사에서
야채장아찌도 빼놓을 수가 없다. 짭짤한 것 · 새콤한

것 · 달콤한 것 등 종류도 풍부하다. 일본요리에서 발효식품을
빼면 별로 남는 것이 없다고 말하는 사람도 있을 정도이다. 이
발효과정이 과학적으로 해명될 때까지 발효는 신의
기술 · 신이 하는 일로 믿었다.

가츠오부시 즉, 가다랭이포는 국물의 맛을 내는데 사용된다.
놀라운 것은 이 국물의 맛도 치즈에 쓰인 것과 같은 종류의
누룩곰팡이가 말린 가다랭이에 붙어서 발효함으로써
만들어진다는 사실이다. 전 세계의 도처에서 각양각색의
사람들 · 물건들 · 정보가 모여드는 오늘날의 일본에서는, 그
전통적인 식품제조의 대부분이 자동화로 진행되어가고,
요리는 다른 선진국들의 것과 마찬가지로 구체화되어 간다.
그러나 이와 동시에 일본은 독자적인 요리의 개발을 계속하고
있다.

일본은 그 역사를 통하여 항상 다른 문화의 발상이나 제품을
자신의 것으로 소화하여 왔다. 가족 모두가 현대의
도시생활에선 피하기 어려운 일일 것이다. 이미 전 세계의
식품이 아무런 저항도 위화감도 없이 아무렇지 않게 일본의

가정 요리에 침투해 있다. 더구나 오늘날의 젊은 세대는 음식
관습의 변화를 자연스럽게 받아들인다.
그러나 갖가지 형태로 다양한 생활 양식과 어울리면서도 일본
요리의 전통이 계승되고 발전될 수 있도록 일본인들은 그
나름의 노력을 게을리 하지 않을 것이다.

위와 같은 요리를 능숙하게 다루고 체계적인 구성에 따라
기획할 수 있다면, 성공한 일식조리사로서 첫 발을 내딛을 수
있다. 따라서 자격증과 더불어 요리에 대한 조예를 길러나가면서
해당 국가의 식문화에도 높은 관심을 기울여야겠다.
　　현재 한국에서 일하는 일식조리사의 평균 임금은 약
4,100만원이 넘는 것으로 조사되었다. 또한 열량이 적고 담백한
음식을 선호하는 요즘의 건강학적 측면 때문에 앞으로 일식
조리사의 전망은 밝은 편으로 보아도 좋을 것이다.
　　현재 한국에 근무하는 일식조리사의 학력은 고졸이하,
전문대졸, 대졸, 대학원졸에 따라 각각 53%, 27%, 19%, 1%의
분포를 나타냈다. 또한 전공학과로는 인문계열이 5%,
사회계열이 11%, 공학계열이 14%, 자연계열이 67%,
의학계열이 1%, 예체능계열이 2%로 나타났다.

관광호텔 조리사

관광진흥법상의 호텔에 근무하면서 조리 직무를 수행하는
조리사들이다. 관광숙박업소는 관광객의 숙박에 적합한 구조와
설비를 갖추고 있는 곳을 지칭하며 음식을 제공하는 호텔, 자동차
여행자 호텔, 청소년 호텔, 해상관광 호텔, 휴양콘도미니엄 등의
숙박시설을 모두 포함한다.

초기의 호텔식당은 여행객 및 숙박객들을 위한 숙소에서
숙박객들에게 식사와 음료를 제공하는 단순한 기능으로
시작되었으나 오늘날 산업사회의 발달과 문화적인 변화에 따라
생리적 욕구의 단순한 충족보다도 복합적인 고객의 욕구를
충족시키는 문화장소로 변모하고 있다.

사실 음식서비스업의 기원은 고대 메소포타미아에서 발견된

B.C 1700년경 바빌로니아 언어로 기록된 조리책에서 부터
언급되어 있으나 우리가 오늘날 레스토랑이라고 부르는 말의
어원은 1760 년경 프랑스 루이 15세 때 몽블랑께 라는 사람이
원기회복제를 Restaurant라고 부르며 이를 행하던 장소를
Restorante라고 불렀다는 것에서 유래되었다는 것이 다수의
설이다.

　국제 관광호텔법을 보면 호텔업이란 호텔에 오는 사람에게
숙박 및 음식을 제공하는 영업으로 정의하고 있으며, 식당에서
음식물과 휴식 장소를 제공하고 원기를 회복키는 장소로서 그
의미가 통용되고 있다.

　호텔의 레스토랑 분류는 관광 진흥법에 의하면 호텔의 분류와
같은 성격으로 특1급, 특2급, 1급, 2급, 3급 등으로 분류된다.

　그렇다면 호텔에서 조리사가 하는 역할은 무엇일까. 호텔에서
식음료 사업은 물적 서비스 상품인 객실 수입 함께 두 번째로
많은 수익이 발생하는 산업이다. 즉, 조리사가 주체가 되어 고객
만족을 위한 모든 서비스를 제공해, 호텔의 수익을 돕는다.

　특히 주방은 식음료 서비스가 시작되는 곳이면서 호텔

서비스와 관련해 거의 모든 것과 관련이 된다. 따라서 효율적으로 주방 조직을 관리하고, 주방 운영을 극대화 해 최고의 기술과 최상의 요리로 고객 만족을 실현시키고, 기업의 이윤을 창출해야 하는 사명이 호텔 조리사에게는 있다고 볼 수 있다.

조리사는 사전적 의미로서의 조리는 식품의 물리적, 화학적, 기술적 방법을 통해서 새로운 형태의 상품으로 만드는 과정이며, 식품을 위생적으로 처리하여 먹기 좋게 하고, 소화를 용이하게 할 수 있도록 돕는다. 이러한 과정을 전반적으로 담당하고, 관리하는 자를 조리사라고 정의한다면 호텔 조리사 역시 이에 입각한 업무를 하게 된다.

호텔 조리사 직급별 순위와 업무는 다음과 같이 분류해볼 수 있다.

우선 호텔도 독립호텔과 체인호텔로 나누어볼 수 있는데, 독립호텔은 직급이 높은 순서부터 조리이사, 조리부장, 주방장, 1급 조리사, 2급 조리사, 조리사 보조 순으로 조직화되어있다.

반면 체인호텔의 경우는 독립호텔보다 더 세부적으로 직책이 분류되어 있는 편이다. 직급이 높은 순으로 총주방장, 조리부장,

차장, 과장, 대리, 주임, 1st cook, 2nd cook, 3rd cook, cook helper로 구성되어 있다.

좀 더 세분화되어 있는 체인 호텔을 예로 들어 직급별 업무를 설명하자면 다음과 같으며 업무는 순서대로 위에서부터 아래로 하달되어 위쪽의 직급일수록 전체 업무를 관리하는 책임자의 성격이며 아래쪽 직급일수록 실무 담당자로서 세분화된 자신의 업무를 수행한다.

■ 총주방장
호텔 내의 최고경영자중 한 사람으로 조리부분에 관한 최고 책임자다. 주방 업무를 총괄, 관리하는 업무를 한다. 주방 관련 예산을 짜거나 주방 시설, 안전, 위생, 구매, 인사관리 모든 업무를 총괄한다. 그래서 책임감을 가지고 직원들의 업무를 총괄해 살피고 업무의 효율성을 높이기 위하여 직원 간의 공평한 업무 분담을 유도하는 등 거의 모든 업무의 수장이자 결정자이다.

■ 조리부장
총주방장을 보좌하는 역할이다. 총주방장이 자리에 없다면 그의 업무를 대행하고, 보고 체계에 있어서도 총주방장 다음이다. 역시 총주방장이 없을 때 밑의 직급 주방장들을 지휘, 감독한다. 또 주방에서 근무하는 직원들의 근무 상태를 살펴 고과평가를 실시하고 부서 간 업무협조를 조정하기도 한다.

■ 조리차장
단위 주방의 책임자다. 고객의 기호와 식성에 맞는 새로운 메뉴 개발을 시도하고 부하 직원들의 근무를 적절히 배분, 근무시간표를 작성한다.

© goodluz

　이보다 아래 호텔조리사 직급은 위의 상사들을 보좌하며
자신이 맡은 분야의 음식을 조리하는 업무를 주로 담당하게 된다.
호텔조리사 가장 하위 직급인 cook helper 즉, 조리사 보조는
조리사를 보조하여 야채 다듬기, 식재료 정리, 음식의 운반 등의
직무를 맡는다.

　또한 일류 체인호텔이나 독립호텔이냐에 따라서 연봉도
천차만별이다. 그러나 평균 연봉을 기준으로 보면 다음과 같다.

　우선 단기계약직 호텔조리사의 연봉은, 다른 분야의
단기계약직과 크게 다르지 않다. 연봉의 개념이 아닌 시급의
개념으로 월급을 수령하며, 보통 단기계약직 호텔조리사의
계약기간은 6개월에서 1년 사이이며 최저임금으로 계산했을 때
한 달 기준 약 180만원 정도를 수령한다.

　그 다음 단기 계약직보다는 오랜 근무를 보장 받는 일반
계약직이다. 계약직은 정직원은 아니지만 시급이 아닌
연봉기준으로 급여를 받는다. 직업조사 결과 계약직
호텔조리사의 경우 연 2,200만원을 수령한다고 조사되었다. 이
외에도 보너스 등도 수령 가능하다.

　호텔조리사 정규직의 경우 평균 연봉 3,000만원을 받는다.
보너스 등 직무 능력에 따라 그 외 수령하는 금액이 있다.

외식 조리사

음식점에서 조리 등의 서비스를 제공하는 조리사를 뜻한다.
식품위생법상 식품접객업소에 근무하는 조리사들을 말한다.
레스토랑, 일반 음식점 등 우리가 친숙하게 접하는 음식점의
주방장, 조리사들이다.

또 일반 소형 음식점의 창업주들이 조리사 자격증을 보유하고
직접 음식점을 경영하기도 하는데 이런 경우에 외식조리사들은
경영자, 창업자로서 지식도 가져야 한다. 즉 요리사이면서 음식점
사장님으로서 자세와 노력이 모두 필요한 사람들이 바로
외식조리사이다.

외식조리사는 단순히 손맛이 좋다고 성공하는 것이 아니며,
투자 금액이 많고 자리가 좋은 곳에 음식점을 낸다고 해서
성공하지도 않는다. 즉 외식조리사는 자신만의 창의적인 음식을
맛있게 만들 수 있는 요리사로서의 기본 자질은 물론 경영자
입장에서 음식점을 관리하는 성실함과 감각이 필요하다.

먼저 이들은 직접 조리와 경영을 함께 해야 하기 때문에 아침
개점 시간보다 일찍 음식점에 나와 재료 상태를 점검하고 준비를
마치는 일에 직접 참여한다.

물론 종업원을 두고 움직이기도 하지만 대부분 소형 음식점의
경우 손님 안내인은 별도로 고용하고 주방 업무는 혼자 책임지는
경우가 많다.

또 음식점의 영업시간이 끝난다고 해도 곧장 퇴근하는 것이
아니고 음식점의 뒷정리는 물론 다음날 요리에 필요한 재료들을
미리 구입하거나 주문하는 등의 일을 해야 한다. 이후 수입 정산,
지출 관리 등도 역시 조리사가 경영자일 경우 담당해야 하므로
여러 가지로 복합적인 업무를 동시에 수행할 수 있는 체력과
지혜가 요구된다고 할 수 있다.

다음은 외식조리사 자격을 갖춘 사람이 외식업소를 창업할 때
알아야 하는 기본적인 절차이다.

우선 외식업소를 창업하기 전에 창업 환경은 어떠하고

창업자의 자질과 적성은 맞는지, 창업 자금의 규모는 얼마로 할 것이며, 어떤 업종으로 사업을 할 것인지, 사업성은 있는지 등에 대해 신중히 고민해야 한다. 또한 허가 사항과 회사 설립 절차는 어떻게 되는지도 미리 검토해 두어야 할 사항이다.

만약 이러한 기본적인 절차를 이해하지 않거나, 건너 뛸 경우 창업 기간이 지연되거나, 시행착오를 겪기 마련이다. 따라서 창업 예정자는 철저한 사업 준비와 더불어 효율적인 창업 과정을 이해하고 숙지해야 한다.

일반적인 창업 절차는 다음과 같다.

창업 환경 검토 → 창업자 적성검사 → 투자 규모 결정
→ 사업의 형태 결정 → 사업 타당성 분석 → 사업계획서 작성
→ 인허가 사항 검토 → 개업 준비 → 오픈

먼저 창업 환경을 검토한다는 것은 창업을 왜 하는가에 대한 방향 설정과 창업을 하기에 적합한 여건이 조성되어 있는지 그리고 창업 및 경영에 대한 이론이 학습되어 있는지를 점검하는 과정이다.

일단 창업을 하면 시행착오가 용납될 수 없다. 소비자의 건강과 업소의 위생과 안전, 또 메뉴의 선정 등에 실수가 있다면 사업장의 실패는 물론 소비자의 안전을 위협하는 문제가 되기 때문이다.

또한 창업자는 자신의 적성에 맞는 아이템을 메뉴로 선정해야 한다. 조리 자격증을 땄다고 해서 모든 메뉴를 음식점에 내걸 수는 없는 노릇이다. 상권과 소비자 층을 잘 분석해 특성 있는 메뉴를 선정해야 한다.

창업을 추진하기 위해서는 동원 가능한 자금의 규모와 실제 투자할 자금규모를 결정해야 한다. 외식업과 같은 서비스업의 경우 종류와 유형에 따라서 적은 자본이 필요한 경우가

있는가하면 도소매업에 비해서 훨씬 많은 자금이 소요되는
경우도 있다. 따라서 창업자는 자신의 자산 규모와 투자 규모에
맞춘 창업 계획을 수립해야 한다.

사업 타당석 분석이란 추진하려는 사업을 체계적으로
점검하여 성공 가능성이 없는 사업은 포기하고 실패 요인은
사전에 제거하여 추후 발생할 손실을 예방하기 위한 분석을
말한다.

따라서 사업 타당성 분석은 신규 사업에 있어서 필수적인
작업이라고 할 수 있다. 즉 사업 타당성 분석은 창업을 하기
위해서 반드시 거쳐야하는 필수이자 본격적인 첫 관문이다.

사업계획서는 추진할 사업의 구체적인 내용과 세부 일정 등을
기록해 놓은 것으로 창업 과정에 있어서 계획 사업에 관련된 제반
사항을 담고 있다. 사업계획서는 창업자 자신을 위해서는 사업
성공의 가능성을 높여주는 동시에 계획적인 창업을 가능케 하며
창업 기간을 단축시켜 주고 창업에 도움을 줄 제3자 즉 출자자 ,
금융기관 , 매입처, 더 나아가 일반 고객에 이르기까지 투자의
관심 유도와 설득 자료로 활용도가 매우 높다는 것을 염두 해
작성해야 한다.

이제 계획들이 모두 끝났다면 인허가 사항을 점검해야 한다.
허가를 받지 않고 사업을 하는 경우 각종 행정 규제를 받게 되는
것은 물론 법을 어기는 결과를 초래할 수도 있기 때문이다.

위와 같은 과정을 거친 후 사업계획서의 추진 일정에 따라
개업을 한다. 법인의 경우 먼저 법인 등기를 한 후 사업자
등록증을 내면 된다.

급식 조리사

급식조리사는 기숙사, 학교, 병원, 공장, 사업장, 후생기관 등의 급식소에서 상시적으로 특정한 이들에게 식사를 공급하는 업무를 담당한다.

급식소에는 반드시 영양사가 존재하는데 식단과 식재료 구매 등의 업무 총괄은 주로 영양사가 담당하며 조리사는 기능적으로 요리를 조리하는 역할로 근무할 수 있다.

물론 조리장 내의 업무와 환경에 대해 영양사와 조율해 상부에 보고하여 개선하는 역할도 할 수 있다.

즉 급식조리사는 영양사와 함께 급식소에서 근무하면서 급식자들의 건강과 안전을 책임지는 중요한 임무를 맡게 되며, 따라서 급식의 관리와 운영에 대해 이해하는 노력이 필요하다.

식품위생법 제8장 52조(영양사)에 따르면 대통령 정하는 집단급식소에는 영양사를 두어야 한다. 다만, 집단급식소의 운영자 자신이 영양사가 되어 직접 영업의 지도에 종사하는 집단 급식소는 예외로 한다고 규정하고 있으며, 동법 시행령 제2조 제12호에 따르면 영양사를 두어야 할 집단 급식소는 1회 50인 이상에게 식사를 제공하는 급식소를 말한다고 되어 있다.

그러나 식품위생법 8장 제52조에 의하면 1회 급식인원 100명 미만의 산업체인 경우에는 영양사를 두지 않아도 된다고 말해 중소기업의 경우 영양사를 두지 않아도 된다거나, 시행령 제37조에 의하여 집단급식소에 두는 조리사가 영양사의 면허를 받은 자인 경우에는 영양사를 따로 두지 아니할 수 있다고 되어 있어, 실제로는 영양사를 고용해야 할 의무를 완화시키고 있다.

단체 급식은 가정에서의 식사와는 달리 규모가 큰 대량 급식이며, 식단·급식비, 시간과 일손, 시설과 설비 등의 제약과 위생관리의 문제점 등으로 인해 많은 결함을 내포하고 있다. 즉 식단에 변화가 없다든가, 맛이 좋지 않다든가, 음식의 온도가 적절하지 않다든가, 깨끗하지 않다든가, 서비스가 나쁘다든가 하는 것 등이다. 특히 여름철에는 위생관리를 철저히 하지 않으면

집단 식중독을 일으킬 염려가 있으므로 주의를 요한다. 그리고
급식은 어디까지나 피급식자의 복지를 목적으로 운영되어야
하며 이익 추구를 우선해서는 안 된다.

급식소는 크게 산업체, 학교, 병원, 기숙사로 나누어 근무
환경에 따른 구별을 둘 수 있다.

〈산업체 급식〉

같은 요일에 같은 음식이 제공되지 않고 변화를 줄 수 있어
좋다.

식단을 짤 때는 '한국인 영양 권장량'에 제시된 식품 구성의
기준을 참고하면 편리하다. 이 표를 기초로 각기 그 지역과
대상 · 급식비 · 급식시설 등의 여건에 맞추어서 알맞은 식품
구성을 미리 만들어 놓고 활용한다.

열량의 필요량은 노동량과 직접 관계가 있다. 따라서 학교
급식, 양로원 급식 등과 같이 노동에 별 차이가 없는 경우에는
문제가 되지 않지만, 산업체 급식과 같이 노동의 차이가 심한
경우에는 노동의 강도를 반영시켜 열량 공급량을 조절해야 한다.
이때는 '활동별 에너지 권장량'을 참조하여 계산해야 한다.
산업체 급식소란 기업체의 사무실, 기숙사의 급식을 총괄하는
곳이다. 기업체에 따라 피급식자의 작업 내용, 즉 심한 육체적
노동, 고온다습한 환경에서의 작업, 지하실 등에서의 작업,
특수한 직업병을 유발하기 쉬운 작업 등을 하는 사람들에

대해서는 근무 환경에 따라 특수한 급식 방법을 고려할 수 있어야 한다. 어떤 경우든 좋은 급식은 종업원의 건강 증진과 기업의 생산성 향상에 공헌을 할 수 있다.

산업체 급식의 운영 방법에는 직영, 준직영(소비조합 운영), 위탁 방법 등이 있다.

직영 방법은 회사 경영 방침의 일환으로 실시된다. 상당한 자본과 인원 · 시설이 필요하다. 그러나 이 방법은 급식을 실질적이고 싼값으로 제공할 수 있기 때문에 산업체 급식 본래의 목적을 달성하는 데 가장 이상적인 방법이다.

준직영 방법은 급식시설의 설치자와 그 시설의 이용자, 즉 회사와 종업원이 조합을 결성하여 그 조합에서 직접 운영하는 방법이다. 운영 면에서는 회사의 경리사무와 무관하며, 식당 경영의 내용을 공개함으로써 피급식자도 신뢰감을 가질 수 있다.

위탁 방법은 회사에 잉여시설이 없거나 직영에서 오는 급식업무의 번잡함을 피하기 위하여, 또는 종업원 수가 적어서 급식시설까지 갖출 필요가 없는 곳에서 타인에게 급식을 의뢰하는 방법이다.

식단은 급식관리상 가장 중요하므로 영양, 경제, 조리, 작업, 급식지도의 측면 등을 충분히 고려하여 작성하되, 식단의 주기는 보통 8~12일로 정한다

〈학교 급식〉

학교 급식이란, 합리적인 식생활의 지식과 습관을 기르기 위하여 학교에서 급식계획을 하고 실시하는 집단 급식을 뜻한다. 한국에서 1981년 1월 영양 교육을 통하여 성장기 아동의 건전한 심신발달을 도모하고 아동 상호간의 협동정신 함양과 국민의 식생활 개선에 기여하기 위해 '학교급식법'이 공포되었다. 학교 급식의 가장 중요한 의의는 성장하는 아동의 건강과 성장을

최대한 뒷받침하는 데 있지만, 이 외에도 올바른 식품 선택법과
식사 습관 형성, 식사 시간을 통한 생활 규범 및 사회성 발달,
영양지도, 국가의 식량시책에 대한 이해 증진 등 아동들의 생활
교육 과정으로서 중요한 책임이 있다. 한국의 학교 급식은
1953년 국제연합아동기금(UNICEF)에서 초등학교의 급식사업을
착수한 것이 시초가 되었다. 학교급식법은 1993년 개정되었는데
주요 내용은 학교 급식 대상학교에 특수학교를 추가하고, 학교
급식의 효율적 실시와 필요한 경비의 조달 등을 위하여 학교
급식을 지원하고자 하는 학부모와 법인·단체 또는 개인으로
구성하는 학교급식후원회를 둘 수 있도록 하며 종전에는
학교설립·경영자가 학교 급식에 필요한 시설 설비의 전부를
부담하였으나 앞으로는 학교급식후원회도 그 경비의 일부를
부담할 수 있게 하였다. 이와 같이 개정된 학교급식법의 기대
효과로는 장애학생들도 학교 급식의 혜택을 받을 수 있는 법적
근거를 마련함으로써 일반 학생들과의 차별을 해소하였다는
점과 학교급식후원회의 구성으로 학교 급식의 단계적 확대 실시
및 생활 환경이 어려운 도시 영세민과 농어촌 지역에 대한 정부와

© Niran Phonruang

지방자치단체의 급식 시설비 지원을 확충할 수 있는 기반을
조성하였다는 점이다. 학교 급식은 완전 영양 급식과 부분 영양
급식으로 나눌 수 있다. 완전 영양 급식은 주식 · 부식 · 음료 등을
모두 급식하는 것이며, 부분 영양 급식은 주식이나 부식 또는
음료 중 어느 1가지만 급식하는 것이다. 이상적인 것은 완전 영양
급식이며, 이때는 1일 권장량 중 1/3의 영양가가 함유되어 있는
음식을 제공해야 한다.

〈병원 급식〉

　병원 급식은 병원에 근무하는 사람들을 위한 일반 급식과
환자들을 위한 병인 급식으로 크게 분류할 수 있는데, 보통 병원
급식이라 하면 입원 환자의 급식을 말한다. 병원 급식의 의의는
치료의 일환으로서의 식이요법에 있으므로, 환자의 치료
과정에서 약물 또는 물리요법에 못지않게 큰 비중을 차지한다.
따라서 병원 급식은 원칙적으로 해당 의료기관에서 직영하여야
하는데, 그렇지 못할 경우에 한하여 그 의료기관이 급식 실시에

대한 최종적 책임을 지고 제3자에게 위탁할 수도 있다. 또 급식
업무는 원칙적으로 영양사가 담당해야 하나, 영양사가 없는
규모가 작은 시설에서는 의사가 급식 관리 및 지도의 책임을
맡아야 한다.

한국의 종합병원에서는 의사가 환자의 영양과 병리를 감안해
환자가 필요로 하는 식이를 지시하고, 영양사는 이 지시에 따라
식단을 작성, 식품을 구입·조리하여 배식하는 과정을
관리함으로써 급식을 한다. 조리사는 영양사의 식단에 따라
음식을 조리해 환자의 회복을 돕는다.

병원 급식의 기본 식이로는 식사 형태에 따라 보통식(부드러운
밥과 부식), 연식(죽과 소화흡수가 쉬운 부식), 유동식(수분이 많고
건더기가 없는 음식물)과, 병의 종류에 따라 처방된 특별식으로
구분된다.

〈기숙사 급식〉
기숙사 급식은 같은 연령의 사람들이 비슷한 일을 하고 있는
집단에게 실시하는 급식으로, 1일 3식을 하며 일요일에도 급식을
해야 한다. 급식을 같은 곳에서 함께 하므로 가정적 분위기를
느낄 수 있도록 배려하는 동시에, 자기의 생활 습관을 고쳐
가면서 협동생활이 이루어지도록 뒷받침해 주어야 한다.

또한 식사를 통한 영양 교육을 하며, 식단 작성이나 기숙사
운영 등이 합리적으로 이루어지도록 운영위원회를 구성, 그
위원회에 급식자 대표도 참가시키는 것이 바람직하다.

식단은 '한국인 영양 권장량'에 따라 영양소의 공급에 과부족이
없도록 작성해야 하며, 매일 같은 음식이 반복되지 않도록 변화를
준다. 대학생들은 육체적인 노동보다 정신적인 소모를 주로 하고
있으므로 열량 위주의 식사보다는 질적인 영양식품을 선택해야
한다.

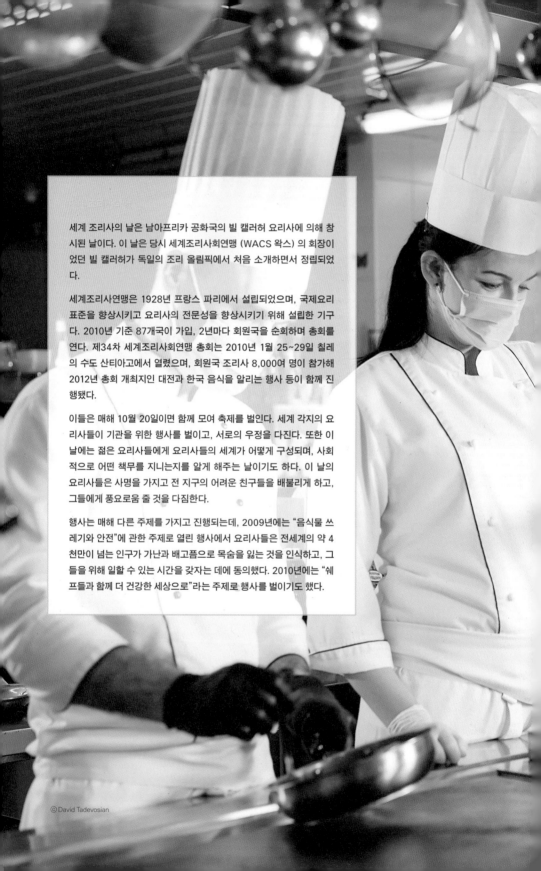

세계 조리사의 날은 남아프리카 공화국의 빌 캘러허 요리사에 의해 창시된 날이다. 이 날은 당시 세계조리사회연맹 (WACS 왁스) 의 회장이었던 빌 캘러허가 독일의 조리 올림픽에서 처음 소개하면서 정립되었다.

세계조리사연맹은 1928년 프랑스 파리에서 설립되었으며, 국제요리표준을 향상시키고 요리사의 전문성을 향상시키기 위해 설립한 기구다. 2010년 기준 87개국이 가입, 2년마다 회원국을 순회하며 총회를 연다. 제34차 세계조리사회연맹 총회는 2010년 1월 25~29일 칠레의 수도 산티아고에서 열렸으며, 회원국 조리사 8,000여 명이 참가해 2012년 총회 개최지인 대전과 한국 음식을 알리는 행사 등이 함께 진행됐다.

이들은 매해 10월 20일이면 함께 모여 축제를 벌인다. 세계 각지의 요리사들이 기관을 위한 행사를 벌이고, 서로의 우정을 다진다. 또한 이 날에는 젊은 요리사들에게 요리사들의 세계가 어떻게 구성되며, 사회적으로 어떤 책무를 지니는지를 알게 해주는 날이기도 하다. 이 날의 요리사들은 사명을 가지고 전 지구의 어려운 친구들을 배불리게 하고, 그들에게 풍요로움 줄 것을 다짐한다.

행사는 매해 다른 주제를 가지고 진행되는데, 2009년에는 "음식물 쓰레기와 안전"에 관한 주제로 열린 행사에서 요리사들은 전세계의 약 4천만이 넘는 인구가 가난과 배고픔으로 목숨을 잃는 것을 인식하고, 그들을 위해 일할 수 있는 시간을 갖자는 데에 동의했다. 2010년에는 "쉐프들과 함께 더 건강한 세상으로"라는 주제로 행사를 벌이기도 했다.

요리의 다른 분야

디저트를 만드는 조리사 : 파티시에 (제과·제빵사)

프랑스어 patissier의 한국식 표기로 과자나 케이크, 또는 쿠키 같은 제과류를 만드는 직업인이다. 한국어로는 제빵제과사라고도 부른다.

제과사 및 제빵사는 빵, 케이크, 쿠키, 파이 등 다양한 빵 및 과자류를 만든다. 빵을 전문으로 만드는 사람을 제빵사, 케이크와 파이 등을 만들고 장식하는 사람을 제과사라 한디. 이들은 제조할 세품의 종류에 따라 원료를 선별한 후, 일정 비율로 계산한다. 또한 손이나 혼합기를 이용하여 반죽을 완성시킨 후, 일정한 온도와 습도에서 규정된 시간동안 발효, 숙성시킨다. 모양을 만들어 오븐에 넣고 온도와 시간을 조절하여 구운 후, 냉각기 혹은 자연 상태에서 냉각시키는 작업도 수행한다.

©Mike Laptev

제품의 종류에 따라 크림, 잼 등의 장식을 하고, 포장에도
능해야 한다. 제품이 마무리되면 남은 재료를 잘 보관하고
조리기구와 오븐을 정리 정돈하여 청결을 유지한다.

《삼국유사》의 〈 가락국기 〉는 수로왕묘의 제수에 '과'가
쓰였다는 기록을 전하여 우리나라에서 과자가 예로부터
만들어져 왔음을 알려주고 있다.

이 밖에도 허균의 《성소부부고》 중 도문대작 등을 비롯한
많은 기록에 따르면, 과자는 궁중과 민간에서 만들어져 제사와
잔치, 손님접대, 농경의례 등에 널리 쓰였다. 따라서
과자제조자는 민간에 널리 산재하여 왔는데, 현대의
제과 · 제빵사가 나타난 것은 1968년 양산제조업체인 삼립식품이
태동하면서 부터로 본격적으로 과자 · 빵류 식품산업이 성장하는
계기가 되었다.

이 분야의 자격증으로는 한국산업인력공단에서 주관하는
제과기능장, 제과기능사가 있다. 이론은 제과이론, 재료 과학,
식품위생학, 영양학 등을 보고, 필기시험에서 60점 이상 맞아
합격해야 실기 시험을 볼 수 있다.

한국제과고등기술학원이나 국제제과인정직업훈련원, 각종
문화센터와 사설학원에서 기술을 익힐 수 있다.

1982년부터 2021년 현재 제과기능사 자격 취득자 수는 모두
165,172명이다. 기능사 자격증 취득 후 9년 이상의 실무경력이
있는 경우, 기능장에 응시할 자격이 부여되는데 2021년 현재
1,143명의 기능장이 있다.

기능사의 합격률은 평균 41%선이고 기능장의 경우에는 평균
18%의 합격률을 나타내고 있다. 제과공의 약 70% 정도는
개인이 운영하는 제과점에서 근무하며 29% 정도는 프랜차이즈
베이커리 업체의 본사 공장이나 각 가맹점에서, 나머지 약 1%
정도는 호텔의 제과부, 대기업체의 제과제빵 부서, 기업체나
공공기관의 단체급식소 등에서 근무한다.

전국사업체조사 자료에 따르면 2018년 전국의 제과점 수는 약
1만 9,390개소 정도이고 제과 · 제빵사로 종사하고 있는 인원은
약 7만 5,988명이다. 1998년 종사하고 있는 제과 · 제빵사 중 약
95%는 남성이고 여성은 5% 내외였지만 2021년 현재는 남녀
비율이 5:5로 같다.

제과점의 경우 작업 공간이 협소하며 각종 열(熱)기기에서
발생하는 열로 여름에는 무척 더워 작업환경은 좋지 않은 편이다.

자영제과점에서 근무하는 제과 · 제빵사는 근무시간이 상당히
긴 편으로 보통 오전 6시~오후 7시까지 근무하며 작업 인원이
적은 점포는 밤 10시까지 일을 한다. 새벽부터 저녁까지 대부분
하루 종일 일을 하기 때문에 자영제과점은 교대 작업이 없으며
일요일에도 근무하는 경우가 많다.

전체 임금 수준은 경력이 전혀 없이 자영제과점에 취업하는
경우 2021년 현재 월평균 초임이 180만원 정도이고, 2~4년차
제과 · 제빵사가 220만원, 5~6년차가 280만원, 공장장급인 경력
7년 이상인 제과 · 제빵사는 350만원 정도이다.

프랜차이즈 업체에 취업하는 경우, 임금 수준은 약간 낮은

편이지만 추가근무 수당, 퇴직금지급 등 기타 복지후생 측면에서
유리하다고 할 수 있다. 제과공은 제과업체 · 제과점 · 호텔 등에
취업하는데, 자격증 소지가 법으로 정한 요건은 아니나
고용자들은 자격증 소지자를 선호한다.

　제과사 및 제빵사가 되기 위해서는 실업계 고등학교나
전문대학의 식품가공과, 제과제빵과 등을 전공하면 유리하지만
특별히 학력에 제한을 두고 있지는 않다. 다만 국내 디저트
시장의 활성화와 더불어 해외 유학파들의 창업이 이어지고 있어
경쟁력 있는 제과 및 제빵사가 되기 위해서는 진학 문제도 무시할
수는 없을 듯하다.

제과 시험을 치면 제과 제빵 기능사가 될 수 있다. 자격으로는
제과기능사, 제빵기능사, 제과기능장 등이 있으며 응시 자격은
다음과 같다.

© Kzenon

〈제과/제빵 기술사 응시 자격〉

■ 기사의 자격을 취득한 후 응시하고자 하는 종목이 속하는
직무분야 (노동부령이 정하는 유사직무 분야를 포함한다. 이하 '동일
직무분야'라 한다)에서 4년 이상 실무에 종사한 자.

■ 산업기사의 자격을 취득한 후 응시하고자 하는 종목이
속하는 동일 직무분야에서 6년 이상 실무에 종사한 자.

■ 기능사의 자격을 취득한 후 응시하고자 하는 종목이
속하는 동-일 직무분야에서 8년 이상 실무에 종사한 자.

■ 4년제 대학 졸업자 또는 이와 동등 이상의 학력이 있다고
인정되는 자(이하 "대학졸업자 등"이라 한다)로서 졸업 후
응시하고자 하는 종목이 속하는 동일 직무분야에서 7년 이상
실무에 종사한 자.

■ 기술자격 종목별로 기사의 수준에 해당하는 교육훈련을
실시하는 기관으로서 노동부령이 정하는 교육훈련기관의
기술훈련과정을 이수한 자로서 이수 후 동일 직무분야에서 7년
이상 실무에 종사한 자.

■ 전문대학졸업자 또는 이와 동등 이상의 학력이 있다고
인정되는 자(이하 "전문대학졸업자 등"이라 한다)로서 졸업 후
응시하고자 하는 종목이 속하는 동일 직무분야에서 9년 이상

실무에 종사한 자.

■ 기술자격 종목별로 산업기사의 수준에 해당하는
교육훈련을 실시하는 기관으로서 노동부령이 정하는
교육훈련기관의 기술훈련과정을 이수한 자로서 이수 후 동일
직무분야에서 9년 이상 실무에 종사한 자.

■ 응시하고자 하는 종목이 속하는 동일 직무분야에서 11년
이상 실무에 종사한 자.

■ 외국에서 동일한 등급 및 종목에 해당하는 자격을 취득한 자.

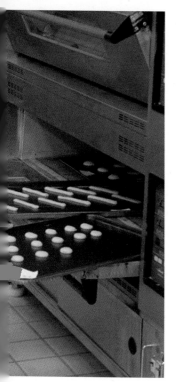

〈제과 기능장 응시자격〉

■ 응시하고자 하는 종목이 속하는 동일 직무분야의 산업기사
또는 기능사의 자격을 취득한 후 산업기사의 자격을 취득한 후
동일 직무분야에서 6년 이상 실무에 종사한 자.

■ 기능사의 자격을 취득한 후 응시하고자 하는 종목이 속하는
동일 직무분야에서 8년 이상 실무에 종사한 자.

■ 응시하고자 하는 종목이 속하는 동일 직무분야에서 11년
이상 실무에 종사한 자.

■ 외국에서 동일한 등급 및 종목에 해당하는 자격을 취득한 자.

※ 제과/ 제빵 기능사는 응시 자격에 제한이 없다.

커피장인들 : 바리스타

　바리스타는 커피를 만드는 전문가로서 좋은 원두를 선택하고
커피 기계를 활용하여 고객이 원하는 커피를 만들어 서비스하는
일을 담당한다. 고객의 주문에 맞게 추출된 에스프레소에 물,
우유, 각종 시럽 등을 첨가하여 커피를 만든다. 좋은 원두를
가려내고 구입하며, 저장, 재고관리를 한다. 커피를 시음하여
새로운 맛의 커피를 만들어 낸다. 기계의 성능 유지를 위해
확인하고 식기류의 청결 등을 점검한다.

　각종 커피의 종류와 맛 그리고 향에 대해 알고 있어야 하며,
커피 기계를 활용하여 커피를 만들어낼 수 있는 능력이 요구된다.
고객의 기호를 파악하여 맛을 창조할 수 있는 능력이 필요하다.
새로운 커피 음료를 개발하기 위해 끊임없이 탐구하는 자세가
필요하며, 고객이 편안하게 커피를 즐길 수 있도록 하는 고객
서비스 정신이 요구된다.

　바리스타 자격증의 경우 아직 국가공인화된 자격증이 없기
때문에 다수의 민간기관에서 바리스타 자격증을 발급하고 있다.
바리스타 자격증의 민간시험으로는 한국커피교육협의회,
평생능력개발원 식음료부분 자격검증위원회,
한국능력교육개발원 음료자격검정원 등이 있다.

　인류가 가장 사랑하는 음료인 커피의 역사를 볼 때,
아프리카에서 그 뿌리가 뻗어 나와 이슬람의 음료로 자리매김을
하고 기독교의 나라에서 꽃을 피워 각 나라별 특유의 문화를
탄생시켰다. 각 시대의 거울인 지성인들과 예술가들이 카페란
곳에 모여 전에 없는 음료 양식이 자연스레 발생하고 이를 계승
시켰다. 이웃 나라 중국은 서방교역의 창구인 실크로드를 따라
바닷길로 육로로 커피를 실어 날랐다. 일본의 경우만 해도 17세기
에도시대에 '데지마'란 곳에서 커피가 전해졌다. 우리나라도
예외는 아니다. 선진국에 비해 100여 년 정도의 짧은 시간이지만
우리 형편에 맞고 각 시대상에 어울리는 우리만의 역사를 만들어
왔다.

한국의 커피역사를 다루면서 가장 먼저 커피를 시음한 이는
고종황제로 회자된다. 고종은 아관파천(1896년) 시 일본의 세력을
피해 러시아 공사관에서 피신해 있을 때 처음 커피를 마시게
된다. 이에 앞서 유길준은 서유견문(1889년 탈고, 1895년 출판)에
커피를 이렇게 소개한다. "우리가 숭늉을 마시듯 서양 사람들은
커피를 마신다."고 설명하였다. 그는 당시 각 나라가 사고파는
물품 중 커피를 포함시켜 분류를 하기도 했는데 "브라질, 멕시코,
과테말라 등 남미 국가에서는 커피를 수출하고 영국, 프랑스,
독일, 미국, 러시아 등에서는 수입하고 있다"고 자세히
설명하기도 했다. 이렇듯 서유견문은 우리나라의 최초의
커피소개 책자인 셈이다. 이에 서양문물에 눈을 뜬 그가 커피를
시음했을 가능성이 다분하나.

그는 19세기 말 조선의 누구보다 외국사정에 밝은 인물이었다.
유길준은 대한민국 역사상 최초로 일본과 미국에 국비로 유학을
하였으며 유럽과 동남아 등을 두루 돌아본 국제통이었다.
대원군의 쇄국정책으로 나라 밖 사정에 어두웠던 백성들은
서양의 새로운 문물과 제도, 문화와 삶에 대해 문외 했었다.

서유견문에서 유길준이 보여주려고 한 것은 서양의 제도, 삶의
양식까지 포함한다. 오늘날 서양 문화를 대변하는 가장 보편적인
음료인 커피, 유길준은 커피를 알린 선구자로 기억되고 있는
것이다.

　바리스타가 되기 위한 학력제한은 없으며, 기업 자체 교육
과정을 받거나, 대학의 사회교육원 및 바리스타 양성
전문학원에서 바리스타가 되기 위한 2개월~4개월의 교육과
훈련을 받을 수 있다.

푸드스타일리스트(푸드코디네이터)

영화나 드라마에서 출연자들이 맛있게 식사를 할 때 식탁을 유심히 살펴보면, 정갈하고 멋들어지게 준비된 음식들을 볼 수 있다. 이처럼 음식의 미각적 효과를 극대화해 식재료의 특성을 살리고, 디자인은 물론 식기와 소품을 어울리도록 배치하는 조리계의 디자이너가 바로 푸드스타일리스트다.

이들은 주로 영화, 드라마, 광고 등에 내보낼 음식 관련 장면을 연출하는 분야에서 활동 중이다. 연기를 하는 배우들을 꾸며주고 돋보이도록 연구하는 실제 스타일리스트들처럼 이들도 극중에서 요리가 더 맛있게 보여지도록 연구하며 식기나 분위기 등을 잘 연출해 실제 마케팅으로 이어질 수 있도록 역량을 펼치기도 한다. 그렇게 하기 위해서 연출자와 영화, 드라마, 광고에서 내보낼 음식 관련 장면에 대한 분위기를 점검하고 기획하는 과정에도 참여한다.

또 이들은 레스토랑에서 새로운 메뉴를 개발하거나 요리책이나 잡지 요리코너에 소개할 요리 개발 및 조리법을 작성하는 등의 일을 하기도 한다.

음식이 어떻게 담기느냐에 따라 식욕과 식사 분위기가 달라지기도 하는 만큼 테이블 공간을 연출하고, 조리사가 만든 요리의 특징을 고려하여 어울리는 그릇에 담는데에도 심혈을 기울인다.또 테이블 주변에 어울리는 소품을 놓고, 전체적인 음식과의 조화가 잘 이루어지는지 확인하는 것도 이들의 역할이다.

이와 같은 작업을 위해 소비자들의 구매 욕구를 자극하는 것이 무엇인지 연구하며, 실제 유행하는 그릇 등을 시장조사 하기도 한다. 조사 결과를 바탕으로 레스토랑의 기존 메뉴를 보완하거나 새로운 메뉴를 추가하거나 잡지나 요리 프로그램의 기획 주제에 적합한 메뉴를 개발하기도 한다.

이와 같은 작업을 수행하기 위해서는 요리에 대한 전문적

지식과 요리능력, 기본적인 테이블 매너, 음식과 소품의 장식
능력, 음식의 다양한 물리적, 화학적 변화에 대한 지식과 이해가
필요하다.

또한 미적감각과 색채감각 역시 갖추고 있으면 유리하다.
요리와 가장 잘 어울리는 그릇과 소품 등을 찾아낼 수 있는
안목과 상황에 따라 쉽게 변할 수 있는 촬영 조건에 유연하게
대처할 수 있는 재빠른 판단능력과 대처능력이 요구된다. 꾸준한
조사와 연구를 통해 새로운 아이디어를 제시할 수 있는 능력과
무거운 식자재들을 정리하고 운반할 수 있는 체력과 인내심이
요구된다.

푸드스타일리스트가 되기 위해서는 대학 부설 기관 또는
사설요리학원에서 푸드스타일리스트가 되기 위한 교육과 훈련을
받을 수 있는데 대학에서는 식품영양 관련 학과에서 관련 과목을
수강해볼 수도 있다. 그러나 대부분은 자격증 취득을 통해 사회
활동을 하며 경력을 쌓아 자신의 역량을 키워나가게 된다.

왜냐하면 푸드스타일리스트는 국가자격증이 없다. 오로지
사단법인 자격증만이 존재한다. 푸드스타일리스트가 되기 위해
필요한 자격증에는 조리기능사(한식, 양식, 일식, 중식),
조리산업기사, 제과제빵사, 샌드위치 전문가, 초콜릿마스터,
베이킹마스터, 케이크 디자이너 등이 있고, 이밖에 플로리스트,
컬러리스트, 푸드스타일리스트 민간자격증, 와인소믈리에 등도
관련 자격증으로 포함한다.

푸드스타일리스트 자격증 취득방법은 푸드스타일리스트
자격증 협회와 연관이 되어있는 교육기관에서 수료를 하여
시험을 보고 합격하거나, 전공학과의 수업 자체만으로 자격증
취득할 수 있는 학과로 진출하는 것이다.

국내에서 국제 푸드스타일리스트 자격증을 수업 자체만으로
취득할 수 있는 곳은 LOY문화예술실용전문학교가 있다.

Part Three

Get a Job

특성화고등학교

　조리과학, 외식과학 등의 특성화 고교들로 조리 전문인을
양성하는 고교과정의 학교들이다. 이들 학교는 일반고보다 보다
빨리 조리 전문인으로서 인재들을 교육하고, 사회에
진출시키고자 하는 목표로 설립 운영 중이다.

　과거에는 이들 조리계열 고등학교를 가사/실업 계열에서 주로
찾아볼 수 있었다. 1970년대와 1980년대의 가사/실업 계열
고등학교는 상업고, 농업고, 공업고의 명칭과 같이 '여자
실업고'라고 불리웠다. 이때의 가사/실업 교육은 여학생만이
대상이었기 때문에 직업 교육이라기보다는 가사 일에 대한 교육
수준에 머물러 80년대 초 산업 구조 변화로 상업 계열의 수요가
급증했을 때 '여자상업고등학교'로 변하는 과정을 겪었다.

　순수한 가사/실업 계열의 학과만으로 이루어진 학교는
1995년에 개교한 울산의 화정여자실업고였고, 1998년에 학교
명칭을 울산생활과학 고등학교로 바꾸었다. 이 후 부터 가사/
실업계 고등학교는 '생활과학고'라는 이름으로 개교할 수 있게
되었다.

　최근 들어 '조리, 미용, 관광, 의상'등의 가사 계열 학과 수요가
증가하면서 이 수요에 대한 대처 방안으로 기존의 농업이나 상업
계열의 학교에 가사/실업계 관련학과를 설치하여 1개 학교에
2~3개 계열의 학과가 복합적으로 설치되는 이른바 복합계열의
학교도 생겨나고 있는 추세이다. 또한 일반계 고등학교의
직업과정과 전문계 고등학교의 특별 과정뿐 만 아니라 특성화
고등학교에서도 가사/실업 계열 교육과정을 적용 하고 있는 등
가사/실업 계열에 대한 관심이 높아지고 있다.

　또한, 세계화 · 정보화시대에 능동적으로 대처할 수 있는
교육경쟁력 확보를 위해 학생의 소질과 적성 ,관심, 흥미에
부응하는 다양한 교육을 운영할 수 있도록 하는
특성화고등학교의 설립 · 운영이 확대됨에 따라 조리과가

개설되면서 조리과를 지원하는 학생들이 해마다 증가하고 있고, 이러한 학생들의 요구에 부응하기위해 고등학교에서의 조리과 개설 또한 증가하고 있다.

현재 조리과 또는 조리과학 목적의 특성화고에 입학하기 위해서는 일반 수험생으로서 진학할 수도 있지만, 조리기능우수자 전형이나, 취업을 희망하는 사람으로서 입학을 할 수도 있다. 즉 전국 규모의 중학생 대상 요리 경진대회 입상자나 취업의지가 있어 진로 적성을 고려했을 때 전문인으로서 손색이 없는 중학생 등이 지원할 수 있다.

또 학교 커리큘럼은 대부분 기초 교과목(국어, 영어, 수학 등)을 비롯해 과학, 사회, 예술, 체육 영역에 대한 일반적인 교육을 바탕으로 요리와 관련된 전문 교과목을 학습 시킨다. 예를 들면 제과제빵, 한국조리, 양식조리, 일식조리, 중식조리, 전통조리 등에 대한 조리과목, 식품과 영양, 식품과학, 외식창업론 등 요리사로서 갖추어야 할 기본적인 건강과 식품에 대한 학문적 이해를 돕는 과목들이다.

〈서울 / 수도권〉

대경상업고등학교, 대일관광고등학교, 동산정보산업고등학교

상일미디어고등학교, 서서울생활과학고등학교, 서울관광고등학교

서울디자인고등학교, 서울컨벤션고등학교, 서울항공비즈니스고등학교

서일국제경영고등학교, 송곡관광고등학교, 신정여자상업고등학교

영신간호비즈니스고등학교, 은평메디텍고등학교, 계산공업고등학교

영화국제관광고등학교, 인천미래생활고등학교, 인천뷰티예술고등학교

인천생활과학고등학교, 인천해양과학고등학교, 경기경영고등학교

경기관광고등학교, 경기폴리텍고등학교, 고양고등학교

광주중앙고등학교, 문산제일고등학교, 발안바이오과학고등학교

부천정보산업고등학교, 성보경영고등학교, 수원농생명과학고등학교

양평고등학교, 여주자영농업고등학교, 용인바이오고등학교

이천제일고등학교, 일산고등학교, 일죽고등학교, 평촌경영고등학교

한국외식과학고등학교, 한국조리과학고등학교

〈충청도〉

대전국제통상고등학교, 대전대성여자고등학교, 대전생활과학고등학교

대전전자디자인고등학교, 영동산업과학고등학교, 증평정보고등학교

청주농업고등학교, 한국바이오마이스터고등학교, 한국호텔관광고등학교

공주생명과학고등학교, 금산하이텍고등학교, 논산여자상업고등학교

병천고등학교, 서산중앙고등학교, 예산예화여자고등학교

주산산업고등학교, 천안제일고등학교, 청양고등학교

한국식품마이스터고등학교

〈경상도〉

동래원예고등학교, 부산관광고등학교, 부산정보관광고등학교

해운대관광고등학교, 대구관광고등학교, 상서고등학교

울산생활과학고등학교, 경북생활과학고등학교, 고령고등학교

경북식품과학마이스터고등학교, 경북조리과학고등학교

김천생명과학고등학교, 명인정보고등학교, 삼성생활예술고등학교

선영여자고등학교, 포항해양과학고등학교, 한국생명과학고등학교

경남관광고등학교, 경남산업고등학교, 김해생명과학고등학교

선명여자고등학교

〈전라도〉

광주자연과학고등학교, 김제농생명마이스터고등학교

덕암정보고등학교, 부안제일고등학교, 전주생명과학고등학교

정읍제일고등학교, 학산고등학교, 한국치즈과학고등학교

고흥산업과학고등학교, 순천효산고등학교, 전남조리과학고등학교

여수정보과학고등학교, 영광공업고등학교, 장성하이텍고등학교

완도수산고등학교(마이스터고), 전남자연과학고등학교, 다향고등학교

〈강원도〉

강릉정보공업고등학교, 김화공업고등학교, 동광산업과학고등학교

소양고등학교, 영서고등학교, 춘천한샘고등학교

〈제주도〉

제주고등학교

조리사의 직업적 특성상 전문대학 진학률은 높은 편이다. 일찍 사회에 진출하고, 전문 기능인으로서 경험과 자격증 등이 중요시되는 직종이기 때문이다. 즉 실습 위주의 교육으로 전문 기능인을 양성하는 쪽으로 지원자들이 몰리는 탓이다.

2/3년제 학제를 유지하고 있으며, 조리학과, 호텔조리학과, 요리학과 등이 있다.

이들 학과는 주로 현장 적응력이 뛰어난 실무 중심의 창의 조리 전문인 양성을 목표로 미래지향적이고 리더십과 봉사 정신을 겸비한 중견 관리자 양성, 글로벌 경쟁력을 갖춘 국제 감각의 맞춤 인재 양성, 현장 실무 능력과 현장 적응력이 뛰어난 조리 전문인 양성 등의 발전 전략을 가지고 식음료 및 조리외식산업 전반에 관련한 체계적인 교육을 실시한다.

또한 조리기능인으로서 미래지향 창의융합 특화교육, 세계화 지향 글로벌 인재 교육, 현장 지향 전문화 교육으로 국제화에 다방면으로 유연하게 대처할 능력을 가진 인재를 양성한다.

1학년 때에는 주로 서양, 한식, 중식, 일식에 대한 실습 위주의 교육을 실시하며, 조리원리나 영어회화, 식품학 등에 대해서도 교육 받는다.

이후 서양요리를 좀 더 세분화한 프랑스조리 실습, 이탈리아조리실습, 또 한식을 세분화한 궁중조리실습, 전통음식실습, 후식에 대한 교육인 바시스타와 소믈리에 실습, 식품가공과 영양학 등을 배우며 현장 실습도 겸하게 된다.

졸업 후에는 호텔업계, 급식업계, 외식업계 등 다양한 조리 산업 분야로 진출할 수 있다.

〈진출 분야〉
■ 호텔업계
공개채용과 수시채용이 이뤄지고, 비교적 소수인원이라고 볼 수 있다. 또한, 인턴으로 채용되어 근무를 하게 되며, 그로부터 2~3년 정도 현장에서 적응하면 계약직 정직으로 승급이 되며 업무 능력도 향상되어 본인의 성취감 또한 높아진다.

■ 단체급식업계
현재의 외식시장에서 가장 외형이 큰 규모로 대기업이 대거 진출되어 있으며, 현재 우리 졸업생들이 비교적 선호하는 직장이다. 공개채용 후 1년여의 인턴기간이 끝나면 정직으로 승급이 되며, 2~3년부터 어느 정도의 견고하고 안정된 직장생활을 하게 된다.

■ 외식업계
외식업계는 외식시장의 트렌드와 경제규모를 주도하는 부분으로서 장기적으로 볼 때 소규모 창업이나 레스토랑창업을 계획하는 졸업생들이 조리 · 관리 · 경영능력을 한 번에 배울 수 있는 장점이 있다. 수시로 채용이 가능하며, 2~3년 후면 중간 관리자급에 진입할 수 있다. 성취욕이 있는 사람은 빠른 시일 내에 창업능력을 키울 수 있다.

〈취득 자격〉
■ 조리기능사 : 한식, 양식, 일식, 중식, 제과, 제빵, 복어
■ 조리산업기사 : 한식, 양식, 일식, 중식
■ 위생사
■ 전통병과
■ 한식메뉴개발사(메뉴개발사)
■ 조주기능사
■ 식품제조기사

4년제 대학교(식품영양학과, 식품(생명)공학과)

　식품영양학과, 식품(생명)공학과 등이 속하는 4년제 대학에
진학할 수도 있다. 조리기능인으로서 실습을 하기 보다는 식품에
대한 학문적 접근과 연구로 인간의 건강을 증진하려는 교육을
주로 받는다.

　식품영양학은 식생활을 통한 인간의 건강을 증진, 나아가 삶의
질 향상을 목표로 하는 학문이다. 현대인의 건강문제는 주로 암,
심혈관질환, 고혈압, 골다공증 등 만성질환과 관련되어 있으며,
잘못된 식생활은 만성질환의 위험요인 중에서 큰 비중을
차지하고 있다. 나아가 양적, 질적으로 풍요롭고 다양한 오늘날의
식생활 환경에서는 영양결핍과 영양과잉 그 어느 쪽으로도
치우치지 않는 균형 잡힌 식생활 관리가 요구되고 있다.

　이에 올바른 영양 지식을 기반으로 한 적절한 식품 선택의
중요성이 커져가고 있다. 그러나 한편으로는 과학적 증거가
결여된 건강식품들도 시장에 유통되고 있고 이는 소비자들의
무분별한 소비로 이어지고 있는 현실도 무시할 수 없다. 이러한
현실에서 식품영양학은 인간의 식생활에 관한 과학적 지식을
생산하고 이러한 지식의 현장 적용에 대하여 연구하고 교육하는

응용학문으로서 조리사로서 보다 고차원적인 이해와 연구를 동반할 수 있다.

주로 다음과 같은 학문을 연구하며 졸업 후에는 역량에 따라 외식산업체에 진출하거나 연구소, 대학원, 공공기관, 식품산업체, 의료기관 등 다양한 진출을 꾀할 수 있다. 보다 구체적인 내용은 진학 학교에 문의하도록 하자.

배우는 주요 과목들 예시

■ 영양과 식품
탄수화물, 지방, 단백질, 무기질, 비타민 등 인체에 필요한 영양성분의 소화, 흡수, 대사, 체내에서의 기능 및 영양소들의 섭취와 관련된 결핍증과 과잉 등의 문제 등을 학습함으로써 건강을 유지하기 위하여 필요한 식생활에 대하여 이해시킨다. 아울러 주요 식품의 성분조성과 특성,식품의 저장방법, 식중독의 특성과 예방 및 환경오염과 식품의 안전성 등에 대하여 학습한다.

■ 식생활과 환경
식품의 선택, 이용, 조리, 저장 방법 등은 문화적, 사회적, 자연적 환경에 의하여 변해 왔다. 이런 여러 환경이 지역적, 또는 민족적으로 독특하게 성립된 식생활 문화에 미치는 영향을 살펴보고, 현재 당면한 식생활의 제문제-과영양과 영양 결핍, 농약 오염, 환경오염 등 공해로 인한 식품의 안전성, 조리, 가공시의 문제점과 이 때 발생되는 폐기물 처리, 식당 등에서 대량 발생되는 음식쓰레기 문제 등을 배운다.

■ 식품영양학교육론

중등학교 교직 과정을 준비하는 학생을 대상으로
식품영양학의 체계적인 이해와 교육을 위해 기초 영양학과
응용 영양학을 바탕으로 영양소들이 인체의 신진대사에
미치는 영향, 식습관영향, 단체 급식, 기타 영양 교육의 개발 및
평가를 다루는 영양학과, 식량 자원의 합리적 이용을 위해 각종
동식물성 식품 원료의 저장, 가공, 조리 중에 일어나는 성분의
변화가 식품의 영양가, 향미, 물성 등에 미치는 영향에 대해
연구하는 식품 과학에 관련된 기초 이론 및 응용 분야들을
포괄적으로 다루며 강의를 통해 습득한 내용을 가정과
지역사회는 물론 국민의 체위와 건강 향상에 응용할 수 있도록
식품영양학의 다양한 분야를 접할 수 있는 기회를 제공한다.

■ 급식경영학

급식산업의 국내외적 현황을 이해시키고, 급식조직의
관리자로서 알아야 할 기초적인 경영 및 관리 이론을
습득시키는 것을 이 과목의 주목적으로 한다. 역동적으로
변화하는 급식산업의 정의, 개요, 현황 등을 강의내용과 과제
수행의 과정을 통해 이해하도록 한다. 또한 급식조직의 효과적
효율적 경영을 위하여서는 경영이론습득이 필수적임을
이해시키고, 기초적 수준의 경영이론을 소개한다.

■ 조리원리 및 실습

여러 가지 식품의 기원과 생산에 관한 기본적 지식을 강의하고
이들 식품의 조직 및 성분에 대하여 간단히 설명한 후 이
조직과 성분이 각종 조리 조작에 의하여 일으키는 반응과 변화
현상을 설명하고 이러한 이론을 실험을 통하여 확인해
봄으로써 맛, 색, 질감 및 영양가 높은 음식을 만들 수 있는
능력을 기른다. 이 과목은 저학년을 대상으로 하므로 깊은

이론보다는 다양한 실험을 통하여 체험을 시킴으로써
학생들이 쉽게 납득할 수 있게 한다.

■ 인체생리학
생명유지의 기본개념인 신체내부 환경의 항상성 유지 및
기관계 즉, 소화기계, 순환기계, 비뇨기계, 근골격계, 호흡기계,
신경계, 내분비계 등 각 기관의 구조와 기능에 대해서
종합적으로 학습하며, 인체 각 기관이 생리기능의 분담, 협조,
동적 조절을 통해서 통합된 개체로서 생활 활동을 영위하는
기본 메커니즘을 이해하도록 한다.

■ 기초영양학
인체가 음식을 섭취했을 때 음식에 함유되어 있던 영양소가
체내에서 일으키는 모든 현상에 관하여 공부한다. 이
강좌에서는 탄수화물, 지방 및 단백질에 대하여 분류, 구조,
체내 생리 작용, 대사, 필요량, 결핍 증세, 함유 식품 등을
공부한다. 다음으로 음식의 물리적 소화과정, 소화효소, 화학적
소화 과정, 구강 내에서의 소화, 위에서의 소화, 장내에서의
소화 그리고 흡수에 대하여 상세히 공부한다. 또 에너지에
대하여 식품의 열량가, 에너지의 필요량의 측정 방법,
기초대사, 활동대사, 특이동적 작용, 체온조절 등을 공부한다.

■ 식이요법 및 실험

주요 질병에 대하여 질병으로 인해 일어나는 생리학적 및
생화학적 변화를 공부하고 예방과 치료에 도움이 되는 식사
관리 방법을 배운다. 효과적인 환자 관리를 위해 필요한 환자의
영양 상태 평가, 교육, 상담 기법 등을 다룬다.

■ 지역사회영양학

국민의 보건 향상을 위한 영양 개선의 중요성을 여러 각도로
설명한다. 영양 개선을 위한 문제점과 실태를 파악하여
판정하는 방법과 영양 계획 수립 및 관리, 시행, 평가법에 대해
공부하며, 영양 교육을 위한 커뮤니케이션과 교재 개발 및
평가법, 지역사회에 알맞은 영양 정책 수립 및 다양한 영양
프로그램의 개발, 수행, 평가에 대해서도 배운다.

■ 영양교육 및 상담

영양 부족, 과잉, 불균형 등 특정 영양 문제나 식이요법이
필요한 질병을 가진 사람들을 대상으로 적절한 식이 섭취
방안과 식행동을 지도할 수 있는 방안을 공부하고 실습을
통하여 실제 문제의 해결 능력을 기른다.

식품영양학과와 비슷하지만 좀 더 고부가가치의 식품을 개발,
연구, 유통하는 인재를 양성하는 학과가 식품(생명)공학과이다.
식품생명공학과에서는 식품 및 바이오산업, 정부기관, 학계
등에서 주도적 역할을 수행할 학생들을 교육해
바이오식품산업에 대한 미래지향적 인재를 양성하고자 한다.
다음과 같은 교과목을 이수하는 데 학교, 학과마다 차이가
있으며 이것은 대략적인 정보에 불과하다. 따라서 진학
고려시에는 보다 정확한 정보를 위해 희망 학과에 직접 문의하길
바란다.

■ 생물유기화학

식품의 필수성분인 단백질, 탄수화물, 핵산, 지방 등의
생체분자 중 유기화합물에 대한 일반구조, 반응 및 생합성에
대한 기초적인 이론을 다룬다.

■ 식품미생물학 및 실험

식품가공, 저장 및 위생에 관련된 미생물의 특성을 강의,
실험하며, 또한 식품 중 아미노산, 핵산, 유기산, 주정 및 기능성
식품생산 및 수율 증식을 위한 발효기법에 대하여 다룬다.

■ 식품학개론

식품공학 전공을 처음 선택한 학생들에게 식품과 영양에 대한
전반적인 지식을 넓히기 위하여 식품의 역사, 종류, 제조방법,
성분, 영양, 감별, 용도, 취급 등 에 대한 개요를 다룬다.

■ 식품물리화학

식품물리화학에서는 생물, 특히 식품계에서 일어나는
제반현상을 규명하기 위하여 물리화학의 기초이론을 도입시켜
식품계의 분자구조전이현상, 열역학의 개념 및 에너지흐름을
다룬다. 또한 식품의 대부분을 차지하는 유체에 관한 현상을
다루며 점도, 표면장력, 반응평형, 및 반응속도론에 관한
기초이론을 다룬다.

■ 식품과 건강

식품에 내재한 기능성 생리활성물질을 소개하고, 건강에
유익한 효능을 발휘하는 생리활성물질의 기능성 및 작용
원리를 강의한다.

■ 식품나노과학

본 강좌는 나노기술에 대한 전반적인 소개와, 나노기술의
생명/식품과학에의 응용에 대한 전반적인 이해를 목표로 한다.
우수한 생물물질과 인간이 만든 나노소재와의 융합에 관한
내용을 다루고 있으며 나노의학, 나노바이오소자,
나노식품소재 등의 주제들이 실례를 통해 소개 된다.

■ 음료산업기술 및 실험

포도주, 맥주 및 고급양주의 역사, 양조위치, 종류 등을
소개하며, 그 음료들의 발효기작과 전문적인 시음과
서비스기법을 배우고자 한다. 또한 제조실험을 통하여 여러
음료의 제조방법을 터득하고 품질조절의 관점을
이해하고자하며, 다양한 맛을 구별할 수 있는 수련을 통하여
알콜 음료의 현장을 이해하고자 한다.

학과 졸업 후에는 식품회사, 바이오텍회사, 화장품회사,
유통회사, 공공연구기관, 정부기관, 학계 등 사회의 다양한
분야로 진출이 가능하다. 특히 식품 · 바이오 산업체,
공공연구기관(한국식품연구원 등), 정부기관(식품의약품안전청,
농촌진흥청 등)에서 고부가가치 식품의 개발, 연구, 생산, 유통,
품질관리 등과 관련한 창의적 활동이 가능한 미래적 학문이라고
할 수 있다.

요리 분야는 중 · 고등학교 때부터 경연대회와 자격증에 응시해 비교적 사회 진출이 빠른 직종이다. 때문에 중고교 시절 기능인으로서 현장감을 익힌 뒤 곧장 취업하지 않고 좀 더 넓은 시장에서 유학하는 경우도 흔하다. 특히 서양 외식업의 발달과 함께 요즘은 서양요리의 본거지인 파리로 유학을 가는 경우가 많다.

이에 유학파들에게 가장 선호되고 있는 파리의 르 꼬르동 블루에 대해 소개한다. 르 꼬르동 블루는 세계 최고 수준의 요리학교이자 다국적 요리전문 법인이다. 1895년 프랑스 언론인이었던 디스텔이 설립한 요리학교로 세계 최고의 명맥을 자랑하듯 약 100여년의 역사를 자랑한다. 코르동 블루라는 말은 '푸른 훈장 리본'이라는 프랑스어로, 최고 품계의 작위를 받은 기사들에게 푸른 리본이 달린 훈장을 준데서 유래되었다.

설립 초기에는 1895년 발간된 세계 최초의 요리 잡지인 라 퀴지니에르 꼬르동 블루가 소개하는 요리를 비롯한 프랑스 고급 요리 강좌가 열렸다. 르 꼬르동 블루는 설립부터 많은 관심을 받았으며, 제1차 세계대전(1914년-1918년) 이전에 다양한 국가 출신의 유학생들을 받아들이면서 국제적인 명성을 얻게 되었다. 이후 미국 요리계의 전설이 되는 줄리아 차일드, 유명 쉐프 낸시 실버튼, 제임스 피터슨을 비롯한 많은 유명 요리사를 배출했다.

현재 교육과정은 4주 이하의 짧은 기간 진행되는 단기과정과 장기과정(요리, 제빵제과, 와인)이 마련되어 있다.

장기과정은 초급, 중급, 고급의 세 단계로 나누어지며, 10주간(1주일에 6일, 1일에 6-9시간)의 수업으로 진행된다. 각 단계를 이수했을 때마다 이를 확인해주는 증명서를 발급받을 수 있으며, 고급 단계까지 마쳤을 경우에는 자격증이 부여된다.

또한 요리와 제과 과정을 동시에 진행하는 '르 그랑 디플롬'의 고급 단계를 모두 마쳤을 경우에는 '르 그랑 디플롬 르 꼬르동 블루'를 획득할 수 있다.

© Parilov

© Fernatets photo

본원은 프랑스 파리에 있으며 1933년 최초로 런던에 해외 분교를 낸 이래 2021년 현재 서울과 런던, 시드니, 도쿄 등 세계 주요도시에서 29개 이상의 요리학교를 운영하고 있다.

특히 '코르동 블루'는 오드리 햅번이 주연했던 영화 '사브리나'의 무대와 엘리자베스 2세의 대관식 오찬을 준비한 것으로 유명하며 프랑스에서는 외교관 부인들의 필수 수학코스로 돼있다.

세계 각국 최고급 호텔 수석 주방장이 대부분이 학교 출신이라는 점도 놀라운 사실이다.

국내에서는 2001년 10월에 숙명여대가 코르동 블루로부터 120만 달러의 투자유치를 함으로써 2002년에 일본에 이어 아시아에서는 두 번째로 코르동블루 요리학교가 국내에 들어서게 되었다.

일본 요리의 경우 다음과 같은 학교의 유학을 선호하는 추세다.

일본에서 요리전문학교로 추천할 만한 학교로는 핫토리 영양전문학교, JTB트래블&호텔칼리지, 동경제과학교, 동경성심조리사전문학교, 츠지조리사전문학교 등이 있다. 물론 이외에도 매우 훌륭한 교수진들과 학교시설을 자랑하는 학교들이 있기 마련이므로 유학을 준비할 때에는 개인의 사정에 따라 각 학교의 홈페이지에서 세부 사항을 확인하거나 유학원 등을 통해 정보를 접하는 것이 좋다.

이 중 핫토리 영양전문학교는 한국에서도 인지도가 높은 일본요리학교로 400년이 넘는 역사를 지니고 있다. 1957년 교명을 현재의 핫토리 영양전문학교로 바꾸고 영양사 양성시설학교로 지정되었으며, 그 후 조리사 양성 시설학교의 지정을 받아 영양사, 조리사 종합학원으로 성장했다. 또 1980년 프랑스, 벨기에, 한국, 이탈리아, 중국 등 해외로 기술제휴 및 해외요리, 특별연수회, 해외연수여행 등을 실시하고 있는 국제적 요리학교이다.

또한 핫토리 영양전문학교에서는 요리 기술뿐만 아니라 위생과 영양의 중요성을 가르치는 데도 역점을 두고 있으며, 학생들이 요리 문화의 첨단을 경험할 수 있도록 최신식 요리기구와 값비싼 식재를 사용하는 것으로도 유명하다.

또 실습실 안은 TV와 거울을 최대한 효율적으로 배치해 학생들이 교사의 실습 장면을 놓치지 않고 볼 수 있도록 설계되어 있는 점도 특징적이다. 다른 요리학교들처럼 장기간에 걸쳐 교외 실습을 하면서 현장에서의 업무 능력을 키워주는데 주력하고 있다고 한다.

이 학교에 지원하기 위해서는 우선 외국에서 12년 이상 학교 교육을 수료한 자, 또는 (재)일본어 교육 진흥 협회 회원의 일본어 교육 시설에서 6개월 이상의 일본어 교육을 받은 자, 또는 일본어 능력 시험 N2(구 2급) 이상인

© Kzenon

자만이 접수할 수 있는 자격이 주어진다.

　접수료로 약 2만엔의 선입금이 필요하며, 방문접수 또는 우편접수도 무방하다. 학과는 영양사과(2년제), 조리 하이테크니컬 경영학과(2년제), 조리사과(1년제), 조리사과 파티쉐&블랑제 클래스(1년제), 영양사과(2년제) 등이 있다.

　또한 중식조리의 경우 유학을 간다고 하면, 직업학교나 전문대 같은 곳만 생각하는데 중국에서도 4년제 중점 종합대학에서 중국요리를 정식으로 배울 수 있는 코스가 개설되어 있다.

　강소성에 있는 양주라는 도시에 양주대학교가 있는데 이 대학교는 14개 단대와 41개학과 구성되어있는 중점 종합 대학이다. 이곳의 요리학과는 관광요리대학의 정식학과로 중국교육부에서 처음으로 4년제 요리학과로 인정받기도 했다.

　또한 양주대학교는 요리학과 대학원과징에 중국음식문화전공과 약선요리전공과정까지 개설되어 있어 폭넓은 전공 공부가 가능하다.

　학비는 1년에 약 3000불 한국 돈으로 약 400만원 이내이다. 또 양주대학교는 어학에 어려움을 겪는 유학생들을 위해 어학 과정도 개설해 본과 수업을 따라갈 수 있도록 돕고 있다고 한다.

세계 최고 권위의 여행정보 안내서 미슐랭 가이드

프랑스의 요리는 세계 으뜸으로 꼽히는데, 프랑스의 타이어 회사인 미슐랭(미쉐린) 사에서 프랑스를 여행하면서 먹어볼 수 있는 식당과 여행정보를 담은 책자가 현재는 최고의 레스토랑을 가려내는 가이드서로 유명해지게 되었다.

미슐랭 사에서 발간하던 전국 여행안내서였던 미슐랭 가이드는 1900년 타이어 구매고객에게 무료로 나눠 주던 자동차여행 안내책자에서 출발하였다. 프랑스어로는 〈기드 미슐랭〉이라고 한다. 미슐랭가이드를 탄생시킨 앙드레 미슐랭은 당시 내무부 산하 지도국에 근무하고 있었으며, 프랑스를 여행하는 운전자들에게 유익한 정보를 주자는 취지 아래 무료로 배포되는 여행·식당 정보 안내서를 펴냈다. 미슐랭가이드가 미슐랭 타이어 회사 부설 여행정보국에서 발간된 것은 앙드레 미슐랭이 세계 최초로 분리, 조립되는 타이어를 발명하여 미슐랭 타이어 회사를 만든 에두아르 미슐랭의 친형이기 때문이다.

초기에는 타이어정보, 도로법규·자동차정비 요령·주유소 위치 등이 주된 내용이었고, 식당은 그저 운전자의 허기를 달래 주는 차원에 지나지 않았다. 그러나 해가 갈수록 호평을 받자 1922년부터 유가로 판매하기 시작했고, 이후 대표적인 식당지침서로 명성을 날리게 되었다. 그후 100년의 세월 동안 엄격성과 정보의 신뢰도를 바탕으로 명성을 쌓아 오늘날 '미식가들의 성서'와 같은 위치를 차지하게 되었다.

레드 시리즈와 그린 시리즈 미슐랭가이드는 일반적으로 알려져 있는 레스토랑 정보를 전문적으로 소개하며 레스토랑 등급에 따라 별점을 부여하는 '레드 시리즈'와 여행 정보를 소개하는 '그린 시리즈'로 나뉜다.

레스토랑 정보를 담고 있는 레드시리즈는 1300여 쪽에 이르는 방대한 분량으로 매년 발간되는 기드미슐랭은 앞부분에 간단하게 실려 있는 여행 정보와 레스토랑 선택에 대한 몇 가지 조언을 제외하고는 대부분의 분량을 전국의 식당과 호텔 정보에 할애하고 있다. 식당 및 호텔을 평가하는 전담요원은 평범한 손님으로 가장해, 한 식당을 1년 동안 5~6차례 방문해 직접 시음·시식하여 객관적인 평가를 내리는 것으로 유명하다.

음식맛, 가격, 분위기, 서비스 등을 바탕으로 일정 수의 식당을 엄선한 후, 다시 이들 가운데 뛰어난 식당에 별(최고 별 3개)을 부여하는 방식으로 등급을 매긴다(★★★ : 요리를 맛보기 위해 여행을 떠나도 아깝지 않은 집, ★★ : 요리를 맛보기 위해 멀리 찾아갈만한 집, ★ : 요리가 특별히 훌륭한 집). 여기에서 별 3개를 달게 되는 요리사는 최고의 명성을 가지게 된다.

1957년부터 스페인, 영국, 독일 등 유럽국가와 최근에는 미슐랭 뉴욕(2005), 미슐랭 도쿄(2007), 미슐랭 서울(2016) 등 2021년까지 26여 개국과 세계의 28여 개 도시를 소개한 가이드가 발간되었다. 매년 130만 부 정도 팔리는 베스트셀러. 특히 최고의 영예인 별 3개(쓰리스타)는 매년 프랑스 전체에서는 20개 정도가 선정되고 있으며, 전 세계적으로는 50개 정도에만 그치고 있을 정도로 그 가치가 높이 평가된다. 미슐랭가이드는 2009년 2월, 100호를 발간하였다.

한식, 양식, 중식, 일식 조리사 자격증에 대한 교육과 일상식에
대한 교육을 하는 요리 학원에도 조리에 관하여 배울 수 있다.
주로 요리학원, 또는 조리학원 등으로 불리고 있으며, 취미
요리를 가르치는 소규모 단위의 요리 수업도 존재한다.

또 제과·제빵이나, 바리스타를 양성하는 학원도 디저트 문화의
발달과 함께 인기를 끌고 있어 견문가가 개설하는 수업들을 찾아
들으며 자격증을 준비하는 경우도 있다. 뿐만 아니라
대학진학이나 고교 진학을 위한 입학반이나, 요리 대회 준비를
하는 교육 과정도 운영한다.

그러나 보다 체계적인 교육을 받길 원하거나, 자격증을 취득해
전문 조리사로서 취업 및 진학을 꿈꾸고 싶다면 학원에서

정규과정을 밟는 것이 도움이 될 수 있다. 우선 개인 자영업자
또는 조리사가 소규모로 개설하는 수업들은 음식점이나 작업실
등에서 이루어지는 수업으로 주로 취미 요리, 신부 수업 등
일상식에 대한 교육과정이 대부분이기 때문이다.

　따라서 조리사로서 자격을 갖추는 보조 수단으로서 또는
자격증 취득과 진학을 위한 정보를 찾기 위해서라면 조리
학원이라고 불리는 과정을 찾아 수강하는 것이 좋다.

　대부분의 학원에서 조리사 자격증반은 먼저 필기시험 합격 후,
실기특강수업으로 이어지며, 필기수업의 경우 기출문제와
예상문제 분석을 통한 철저한 반복학습과 응용문제풀이로 합격
시까지 집중 관리하는 코스를 지닌다.

　실기의 경우 실기 지도 시 시험에 적용할 수 있는 노하우 제공
및 시험 때와 같은 환경으로 실습환경을 제공해 실전에 대비할 수
있도록 돕는다.

　가정요리 실습 교육의 경우, 한식, 양식, 일식, 중식 등 다양한
세계 요리를 한 번에 마스터 할 수 있는 종합 과정이다. 결혼을
앞둔 부부 , 요리솜씨를 익히기를 원하는 사람 , 직장인 ,
취미생활인 등을 위해 재료 기초손질 및 칼질법부터 요리
코디법에 이르는 체계적인 교육을 받을 수 있다.

© PhaiApirom

© Deniz671

조리기능장

조리에 관한 최상급 숙련기능을 가지고 산업현장에서
작업관리, 소속 기능 인력의 지도 및 감독, 현장훈련, 경영계층과
생산계층을 유기적으로 연계시켜 주는 현장관리 등의 업무를
수행할 수 있는 인력양성을 목적으로 자격제도를 제정하였다.

■ 수행직무
한식, 중식, 일식, 양식, 복어조리부문에 배속되어 제공될
음식에 대한 계획을 세우고 조리할 재료를 선정, 구입,
검수하고 선정된 재료를 적정한 조리 기구를 사용하여 조리
업무를 수행함 또한 음식을 제공하는 장소에서 조리시설 및
기구를 위생적으로 관리, 유지하고, 필요한 각종 재료를 구입,

© Kzenon

위생학적, 영양학적으로 저장 관리하면서 제공될 음식을
조리하여 제공하는 직종임.

■ 진로 및 전망
식품접객업 및 집단 급식소 등에서 조리사로 근무하거나
운영이 가능함. 업체간, 지역간의 이동이 많은 편이고 고용과
임금에 있어서 안정적이지는 못한 편이지만, 조리에 대한
전문가로 인정받게 되면 높은 수익과 직업적 안정성을
보장받게 된다.

■ 수행직무

한식조리부문에 배속되어 제공될 음식에 대한 계획을 세우고
조리할 재료를 선정, 구입, 검수하고 선정된 재료를 적정한
조리 기구를 사용하여 조리업무를 수행함 또한 음식을
제공하는 장소에서 조리시설 및 기구를 위생적으로 관리,
유지하고, 필요한 각종 재료를 구입, 위생학적, 영양학적으로
저장 관리하면서 제공될 음식을 조리하여 제공하는 직종임.

■ 진로 및 전망

식품접객업 및 집단 급식소 등에서 조리사로 근무하거나
운영이 가능함. 업체간, 지역간의 이동이 많은 편이고 고용과
임금에 있어서 안정적이지는 못한 편이지만, 조리에 대한
전문가로 인정받게 되면 높은 수익과 직업적 안정성을
보장받게 된다.

〈한식조리기능사 합격자 현황〉

구분	필기 시험			실기 시험		
	응시자수	합격자수	합격률	응시자수	합격자수	합격률
2020년	72,062명	32,745명	45.4%	53,897명	18,358명	34.1%
2019년	83,109명	38,384명	46.2%	74,839명	25,158명	33.6%
2018년	83,697명	36,803명	44%	69,939명	22,914명	32.8%
2017년	96,406명	41,315명	42.9%	88,731명	27,916명	31.5%
2016년	102,437명	43,294명	42.3%	95,081명	28,072명	29.5%

■ 수행직무

양식조리부문에 배속되어 제공될 음식에 대한 계획을 세우고
조리할 재료를 선정, 구입, 검수하고 선정된 재료를 적정한
조리기구를 사용하여 조리업무를 수행함 또한 음식을
제공하는 장소에서 조리시설 및 기구를 위생적으로 관리,
유지하고, 필요한 각종 재료를 구입, 위생학적, 영양학적으로
저장 관리하면서 제공될 음식을 조리하여 제공하는 직종이다.

■ 진로 및 전망

식품접객업 및 집단 급식소 등에서 조리사로 근무하거나
운영이 가능함. 업체간, 지역간의 이동이 많은 편이고 고용과
임금에 있어서 안정적이지는 못한 편이지만, 조리에 대한
전문가로 인정받게 되면 높은 수익과 직업적 안정성을
보장받게 된다.

〈양식조리기능사 합격자 현황〉

구분	필기 시험			실기 시험		
	응시자수	합격자수	합격률	응시자수	합격자수	합격률
2020년	31,115명	14,983명	48.2%	19,805명	6,823명	34.5%
2019년	30,657명	12,826명	41.8%	32,083명	10,991명	34.3%
2018년	26,804명	10,457명	39%	29,731명	9,834명	33.1%
2017년	28,461명	11,313명	39.7%	34,993명	11,218명	32.1%
2016년	29,577명	11,218명	37.9%	35,728명	10,714명	30%

■ 수행직무

중식조리부문에 배속되어 제공될 음식에 대한 계획을 세우고
조리할 재료를 선정, 구입, 검수하고 선정된 재료를 적정한
조리기구를 사용하여 조리업무를 수행함 또한 음식을
제공하는 장소에서 조리시설 및 기구를 위생적으로 관리,
유지하고, 필요한 각종 재료를 구입, 위생학적, 영양학적으로
저장 관리하면서 제공될 음식을 조리하여 제공하는 직종이다.

■ 진로 및 전망

식품접객업 및 집단 급식소 등에서 조리사로 근무하거나
운영이 가능함. 업체간, 지역간의 이동이 많은 편이고 고용과
임금에 있어서 안정적이지는 못한 편이지만, 조리에 대한
전문가로 인정받게 되면 높은 수익과 직업적 안정성을
보장받게 된다.

〈중식조리기능사 합격자 현황〉

구분	필기 시험			실기 시험		
	응시자수	합격자수	합격률	응시자수	합격자수	합격률
2020년	15,291명	8,366명	54.7%	10,159명	3,937명	38.8%
2019년	9,717명	4,657명	47.9%	18,268명	6,602명	36.1%
2018년	5,863명	2,392명	40.8%	15,333명	5,122명	33.4%
2017년	8,189명	2,701명	33%	17,891명	5,777명	32.3%
2016년	8,083명	2,783명	34.4%	17,549명	5,449명	31.1%

일식조리기능사

■ 수행직무

일식조리부문에 배속되어 제공될 음식에 대한 계획을 세우고
조리할 재료를 선정, 구입, 검수하고 선정된 재료를 적정한
조리기구를 사용하여 조리업무를 수행함 또한 음식을
제공하는 장소에서 조리시설 및 기구를 위생적으로 관리,
유지하고, 필요한 각종 재료를 구입, 위생학적, 영양학적으로
저장 관리하면서 제공될 음식을 조리하여 제공하는 직무를
수행한다.

■ 진로 및 전망

식품접객업 및 집단 급식소 등에서 조리사로 근무하거나
운영이 가능함. 업체간, 지역간의 이동이 많은 편이고 고용과
임금에 있어서 안정적이지는 못한 편이지만, 조리에 대한
전문가로 인정받게 되면 높은 수익과 직업적 안정성을
보장받게 된다.

〈일식조리기능사 합격자 현황〉

구분	필기 시험			실기 시험		
	응시자수	합격자수	합격률	응시자수	합격자수	합격률
2020년	9,445명	5,406명	57.2%	5,304명	1,840명	34.7%
2019년	5,337명	3,098명	58%	10,262명	3,356명	32.7%
2018년	3,665명	1,893명	51.7%	8,907명	2,899명	32.5%
2017년	3,637명	1,792명	49.3%	9,466명	2,831명	29.9%
2016년	3,356명	1,624명	48.4%	8,743명	2,498명	28.6%

■ 수행직무

복어조리부문에 배속되어 제공될 음식에 대한 계획을 세우고
조리할 재료를 선정, 구입, 검수하고 선정된 재료를 적정한
조리기구를 사용하여 조리업무를 수행함 또한 음식을
제공하는 장소에서 조리시설 및 기구를 위생적으로 관리,
유지하고, 필요한 각종 재료를 구입, 위생학적, 영양학적으로
저장 관리하면서 제공될 음식을 조리하여 제공하는 직종이다.

■ 진로 및 전망

식품접객업 및 집단 급식소 등에서 조리사로 근무하거나
운영이 가능함. 업체간, 지역간의 이동이 많은 편이고 고용과
임금에 있어서 안정적이지는 못한 편이지만, 조리에 대한
전문가로 인정받게 되면 높은 수익과 직업적 안정성을
보장받게 된다.

〈복어조리기능사 합격자 현황〉

구분	필기 시험			실기 시험		
	응시자수	합격자수	합격률	응시자수	합격자수	합격률
2020년	1,190명	776명	65.2%	913명	223명	24.4%
2019년	797명	482명	60.5%	1,863명	508명	27.3%
2018년	718명	409명	57%	1,729명	483명	27.9%
2017년	802명	461명	57.5%	2,004명	547명	27.3%
2016년	733명	351명	47.9%	1,895명	464명	24.5%

Part Four

Reference

외식업 창업자, 외식업조리사에게 필요한 좋은 식단 이행기준

1. 공통기준

가. 「좋은식단」기본모형에 의한 권장반찬 가짓수를 준수하여야
   한다.

나. 가급적 제 철에 난 식재료를 사용하도록 한다.

다. 영양적으로 균형 잡힌 식단이 되도록 노력하여야 한다.

라. 탈수기, 음식물쓰레기 김광화기기 설지 등 음식물쓰레기
   처리의 적정성을 기하여야 한다.

마. 남은 음식물을 싸줄 수 있는 용기 등을 비치하여야 한다.

바. 「좋은식단」홍보물 및 안내물을 비치하거나 부착하여야
   한다.

사. 1회용품을 사용하지 않고, 전분이쑤시개를 사용하여야

한다.

아. 소형찬기, 복합찬기를 이용하여야 한다.

2. 개별기준

가. 한식

1) 찌개. 전골류 등을 덜어먹을 수 있는 집게를 비치하여야
하며, 국자. 개인 별 찬기를 제공하여야 한다.

2) 반찬은 먹고 남기지 않을 정도의 적정량을 제공하여야
한다.

3) 김치 등 찬류는 공동찬통을 사용하여야 한다.

나. 일식 및 횟집

1) 무채 등 멋내기 재료의 사용을 자제하여야 하며, 대리석
및 얼음팩 등의 대체용품을 사용할 수 있다.

2) 반찬은 먹고 남기지 않을 정도의 적정량을 제공하여야
한다.

3) 어패류의 위생관리를 철저히 하고, 신선하지 아니한
재료는 횟감으로 제공하여서는 아니 된다.

다. 뷔페 식당

1) 음식을 남기지 않는 손님에게 사은품을 증정하는 등
음식물 낭비를 방지하기 위한 유인을 제공하거나, 남기는
손님에 대한 적절한 제재를 취하여야 한다.

2) 식단 마련시 음식물쓰레기 발생 비율을
분석 · 반영하여야 한다.

3) 이용자에 대한 홍보 등「좋은식단」정착을 위하여
노력하여야 한다.

〈「좋은 식단」 기본 모형(예시)-한식〉

음식유형	음식(예)	권장 반찬 가짓수
곰탕류	곰탕, 갈비탕, 설렁탕 등	2~3
장국류	대구탕, 아구탕 등	2~3
찌개류	김치찌개, 된장찌개, 순두부찌개 등	3~4
비빔밥류	비빔밥, 돌솥밥 등	2~3
면류	국수, 칼국수, 냉면 등	1~2
떡국류	만둣국, 떡국 등	1~2
전골류	곱창, 해물, 버섯전골 등	3~4
구이류	불고기, 생선구이 등	4~5
찜류	아구찜, 갈비찜 등	3~4
백반류	가정식 백반	5~6
도시락류	도시락	5~7

*반찬은 복합메뉴로 하여 고객이 선택하도록 함
*용기는 가급적 소형으로 하며 찬량은 소량 제공

〈「좋은 식단」 기본 모형(예시)-일식〉

음식유형	음식(예)	권장 반찬 가짓수
생선회류	모듬회, 광어회, 우럭회	5~6
생선초밥류	모듬초밥, 주문초밥	3~4
튀김정식	모듬튀김, 새우튀김	3~4
생선매운탕	대구탕, 서더리탕, 알탕	3~4
생선구이류	장어, 삼치, 청어	3~4
덮밥류	회덮밥, 송이덮밥, 쇠고기덮밥	3~4
정식류	세트, 코스요리	7~8
면류	소면, 우동, 소바(메밀국수)	5~6

*업소 규모에 따라 자율적으로 선택

〈「좋은 식단」 이행여부 점검표〉

유형별	세부점검항목	적/부	특이사항
공통사항	「좋은식단」 모형에 의한 권장반찬 가짓수 준수		
	탈수기, 음식쓰레기처리기기 설치 등 쓰레기처리의 적정성		
	남은 음식물 포장용 용기 비치		
	「좋은식단」 홍보물 및 안내물 부착		
	1회용품 안 쓰기 및 전분 이쑤시개 사용		
	종사자에 대한 「좋은식단」 교육 실시		
	절반가격 식사제(반그릇제, 반배기제) 실시		
	음식종류, 밑반찬 종류별 대,중,소 분류		
	밑반찬 선택제		
	소형찬기, 복합찬기 사용여부		
한식	찌개, 전골류 등을 덜어먹을 수 있는 집게, 국자, 개인별 찬기 제공 여부		
	먹고 남기지 않을 정도의 적정량 제공 여부		
	김치 등 찬류 공동찬통 사용 여부		
일식, 횟집	무채 등 멋내기 재료 사용 자제		
	먹고 남기지 않을 정도의 적정량 제공 여부		
	어패류 위생관리 철저 여부		
뷔페식	음식을 남기지 않는 손님에게 사은품 증정 등 낭비방지 유인제공 또는 남기는 손님에 대한 제재		
	이용자에 대한 홍보 등 운영자의 노력		
집단급식소	자율 배식제 실시		
	일일잔반량 점검 및 이용자에 대한 음식물쓰레기줄이기 홍보 등 운영자의 노력		
도시락 제조업소	먹고 남기지 않을 정도의 적정량 제공 여부		
개선요망 사항			
영업주 건의사항			

제1조(목적)

이 예규는「식품위생법」제47조 및 같은 법 시행규칙 제61조에 따른 모범업소의 지정ㆍ관리 및 지원 등에 관한 세부적인 사항을 정함으로써 모범업소 지정ㆍ관리의 효율성을 기하고 식품접객업소 및 집단급식소 시설의 위생적 개선과 서비스수준 향상을 도모하고 낭비적인 음식문화를 개선하는 능의 녹색 음식문화 조성에 기여함을 목적으로 한다.

제2조(대상업소)

모범음식점 및 모범급식소("모범업소"라 한다. 이하 같다)로 지정될 수 있는 업소는「식품위생법」(이하 "법"이라 한다)

제88조에 따른 집단급식소 및 같은 법 시행령
제21조제8호나목의 규정에 의한 일반음식점으로 영업신고를
하고 영업신고증을 교부받은 업소로 한다.

제3조(음식문화개선운동추진위원회 설치)

　녹색음식문화 조성 및 좋은식단 실천지원에 관한 세부사항을
심의·의결하기 위하여 사단법인 한국외식업중앙회(이하
"중앙회"라 한다)와 특별자치도·시·군·구(이하 "시·군·구"라
한다) 단위로 중앙회의 지회 또는 지부에 각각
음식문화개선운동추진위원회(이하 "위원회"라 한다)를 둔다.

제4조(위원회의 구성)

① 위원회는 위원장 1인과 음식점영업자, 영양사, 조리사, 학계
전문가, 소비자, 관련공무원 등 위원장을 포함한 15인 이내의
위원으로 구성하되, 구성비율은 다음과 같이 한다.

　1. 음식점 영업자, 영양사, 조리사 : 위원 총수의 3분의 1 이내
　2. 학계 전문가, 관계공무원 : 위원 총수의 3분의 1 이내
　3. 소비자 : 위원 총수의 3분의 1 이상

② 위원장은 중앙회 회장, 해당 지회장 또는 지부장이 된다.

③ 위원은 위원장이 위촉 또는 임명하되, 관련되는 기관, 단체
등에 추천을 의뢰할 수 있다.

④ 공무원이 아닌 위원의 임기는 2년으로 하며, 연임할 수
있다. 공무원이 그 직위로 위원에 위촉된 때에는 그 임기는
재임기간으로 한다.

⑤ 위원회의 사무를 처리하기 위하여 위원회에 간사 및
사무직원을 두되, 간사는 중앙회 사무총장, 해당 지회 또는
지부의 사무국장이 되며, 사무직원은 해당 중앙회, 지회 또는
지부의 직원이 겸임할 수 있다.

제5조(위원회의 기능)

① 위원회는 다음 각 호의 사항을 심의 · 의결한다.

　1. 녹색음식문화 조성을 위한 기본방향 설정 및
세부추진계획의 수립

　2. 녹색음식문화 조성 사업 등과 관련된 예산 등 지원방안
협의

　3. 좋은 식단 실천, 남은 음식 재사용 안하기 등 음식문화
개선 사업

　4. 모범업소의 지정 및 관리에 관한 사항

　5. 추진상황 점검 · 평가 및 개선방안 논의

　6. 기타 녹색음식문화 조성과 관련된 사항

제6조(위원장의 직무)

위원장은 위원회를 대표하며, 회의를 소집하고 그 의장이 된다.

제7조(위원회의 회의)

① 시 · 군 · 구에 두는 위원회의 정기회의는 매분기 초 개최를
원칙으로 하되, 심의할 안건이 없는 경우에는 생략할 수
있으며, 임시회의는 위원장의 요청 또는 재적위원 과반수의
요청이 있을 경우 소집한다.

② 중앙회에 두는 위원회는 필요에 따라 수시로 소집할 수
있다.

제8조(위원회 운영)

① 회의는 위원장을 포함한 재적위원 과반수 출석으로
개의하고 출석위원 과반수의 찬성으로 의결한다.

② 위원회의 위원이 회의에 참석할 수 없는 경우에는 서면으로
자신의 의사를 나타낼 수 있으며, 소속직원 중 상당한
전문지식을 소유한 자를 대리인으로 지정하여 위임장을

지참하게 하여 참석시킬 수 있다.

③ 간사는 회의록 및 의결서를 작성하며 회의록에는 위원장이, 의결서에 위원장 및 출석위원과 간사가 각각 기명날인하여야 하며, 당해 회의록은 3년간 보관하여야 한다.

제9조(위원의 실비 보상)

위원회에 참석한 공무원이 아닌 위원에게는 예산 범위안에서 수당과 여비를 지급할 수 있다.

제10조(세부 지정기준 등)

① 모범업소의 세부지정기준은 별표 1과 같으며, 별표 4의「좋은식단」이행기준을 준수하여야 한다.

② 일반음식점을 모범업소로 지정할 경우 우선지정 대상지역은 다음과 같다.

　1. 주요관광지(고궁, 문화유적지, 공원, 위락지, 박물관, 공연 및 문화행사장 등) 주변

　2. 관광호텔, 숙박업소 주변

　3. 역, 버스 등 터미널, 백화점, 관공서, 대기업 사옥 등 다중 이용시설 주변

　4. 기타 교통편의성 및 접근성이 양호한 곳

제11조(지정 절차 등)

① 모범업소로 지정을 받고자 하는 업소의 영업자 및 집단급식소 설치 · 운영자(이하 "영업자"라 한다)는 별지 제1호 서식의 모범업소 지정신청서를 작성하여 해당 특별자치도지사 또는 시장 · 군수 · 구청장(이하 "시장 · 군수 · 구청장"이라 한다)에게 제출하여야 한다.

② 지정신청을 받은 시장 · 군수 · 구청장은 15일 이내에 위원회에 이송하여야 하며, 위원장은 민간위원 및

시·군·구의 담당공무원과 함께 법 시행규칙 별표 19 제2호
및 이 예규 별표 1과 별표 4의 지정기준에 적합한지 여부를
매분기 단위로 현지 조사한 후 위원회를 소집하여 그
지정여부를 심의·의결하여야 한다.

③ 심의는 법 시행규칙 별표 19 제2호 및 이 예규 별표 1과
별표 4의 지정기준에 따라야 하며, 지정기준 외에 고객의 평판
등을 고려하여야 한다. 이 경우 법 제51조의 조리사 또는 법
제52조의 영양사를 고용하여 위생적으로 운영하는 업소를
우선적으로 지정 추천한다.

④ 위원회는 심의시 제3항의 기준에 부적합하다는 이유 외의
다른 사유로 특정업소가 배제되지 않도록 공정을 기하여야
하며, 동업자 단체 가입 여부 등에 따라 차별하여서는
아니된다.

⑤ 위원장은 위원회의 심의결과를 7일이내에
시장·군수·구청장에게 추천·통보하여야 하며
시장·군수·구청장은 지정여부를 결정한 후 그 결과를
7일이내에 위원장 및 영업자에게 서면으로 통보하고,
모범업소로 지정하는 경우에는 별지 제2호 서식의 모범업소
지정증과 별표 3에 따라 제작한 모범업소 표지판을 교부하여야
한다. 이 경우 시장·군수·구청장은 영업자에게 표지판
제작에 따른 비용을 부담시켜서는 아니된다.

⑥ 모범업소로 지정을 받은 업소는 시장·군수·구청장이
교부한 모범업소 표지판을 업소에 부착하여야 한다.

제12조(모범업소에 대한 지원)
① 모범업소로 지정된 업소에 대하여 다음 각 호의 사항을
지원할 수 있다.
　1. 영업시설개선자금 우선융자
　2. 안내홍보책자 발간·배부

○ 내용 : 모범업소의 위치, 메뉴, 가격, 전화번호, 교통편
등 (영어, 일어, 한자 병기)

○ 배부 : 관광호텔, 관광안내소, 주요기업 홍보실, 관공서 등

3. 출입 · 검사 면제

○ 지정 후 2년간 출입 · 검사를 하지 아니할 수 있음.
다만, 출입 · 검사를 하지 아니할 수 있는 기간 동안에
식품위생법령에 의한 징역 또는 벌금형을 선고 받고 형이
확정된 영업자가 운영하는 업소, 과태료 부과 처분을 받은
업소, 행정처분 기준에 의한 시정명령, 시설개수명령을
받은 업소에 해당하는 경우에는 2년간의 출입 · 검사
면제를 취소함.

4. 모범업소 표지판 제작교부

5. 각종 행사시 모범업소 이용 권장

6. 기타 지원시책

② 제1항의 규정에 의한 지원을 하는 경우 식품진흥기금을
활용할 수 있다.

제13조 (모범음식점 수)

모범음식점 수는 전체 일반음식점 수의 5%이내로 한다. 다만,
시장 · 군수 · 구청장이 부득이하다고 판단하는 경우 위원회의
의결을 거쳐 이를 달리 정할 수 있다.

제14조(지정시기)

모범업소로 지정을 받기 위하여는 개업후 6개월이 경과하여야
한다. 다만 양도 · 양수로 인한 영업자 지위승계는 6개월이
경과하지 않더라도 심사하여 지정할 수 있으며, 제16조1항2호에
따라 모범업소 지정이 취소된 업소는 지정취소일부터 2년이
경과된 후 신청할 수 있다.

1. 일반음식점

1) 건물의 구조 및 환경

가. 건물은 오·폐수 기타 오염물질 발생시설로부터 나쁜
    영향을 받지 아니하는 거리를 유지하여야 하고, 청결을
    유지할 수 있는 환경을 갖추어야 한다.

나. 취수원은 오염원으로부디 오염될 우려가 없어야 하며,
    물탱크는 외부로부터 오염되지 않게 설치되어야 한다.

다. 배수시설은 오수 및 쓰레기가 퇴적되지 않게 설치되어야
    한다.

라. 업소내 악취·가스·증기 등을 환기시킬 수 있는 충분한
    시설을 설치하여야 한다.

2) 주방

　가. 주방시설 및 기구는 당해 용도 외에 다른 목적에
　　사용되지 않도록 하여야 한다.

　나. 주방의 바닥은 타일, 콘크리트 등으로 내수처리 되어야
　　하고 물이 고이지 않도록 하여야 한다.

　다. 칼 · 도마 등은 과채 · 어패류 및 육류를 분리하여 조리할
　　수 있도록 구분되어 있어야 한다.

3) 원재료의 보관 및 운반시설

　가. 냉장시설, 냉동시설의 구조와 기능은 원재료나 조리된
　　음식을 위생적으로 보관할 수 있도록 되어 있어야 한다.

　나. 원재료, 반제품 및 완제품을 제품의 특성에 따라
　　식품의약품안전청장이 고시한 식품 기준 및 규격에 의해
　　적절한 온도로 보관할 수 있어야 한다.

　다. 원재료 또는 반제품이 바닥과 벽에 직접 닿지 않게
　　위생적으로 보관하여야 한다.

　라. 원재료는 선입 · 선출의 원칙에 따라 사용하여야 한다.

4) 종업원의 서비스

　가. 청결한 위생복을 착용하여야 하며, 현란한 머리모양이나
　　화장 등 식품위생상 위해의 우려가 있거나 타인에게
　　전염의 우려가 있는 질병이 없도록 개인위생 수준을
　　유지하여야 한다.

　나. 친절하고 예의바른 태도 및 겸손하고 교양 있는 대화로
　　손님의 주문에 응하여야 한다.

5) 제공반찬과 가격표시

　가. 음식차림 모형 또는 천연색 메뉴판을 손님이 보기 쉬운
　　외부에 부착 또는 설치하여야 한다.

　나. 객실 및 객석에는 한글과 외국어가 함께 표기(가격
　　포함)된 음식메뉴판을 비치 · 사용하여야 한다.

6) 기 타

　가. 간판은 옥외광고물관리법에 저촉되지 않아야 한다.

　나. 모범업소지정증을 손님이 보기 쉬운 곳에 비치하여야
　　한다.

　다. 주방종사자는 조리에 필요한 위생복, 위생모 및
　　위생장갑을 단정하게 착용하여야 한다.

　라. 음식물쓰레기를 보관·처리할 수 있는 시설 및 설비는
　　가능한 한 조리시설에서 멀리 떨어져야 한다.

7) 가산점 부여

　가. "밑반찬 선택제", "주문식단제" 이행업소, 음식물류
　　폐기물 감량우수업소, '남은 음식 재사용 안하기 운동
　　선도업소' 등에 가산점을 부여할 수 있다.

2. 집단급식소

1) 법 제48조제3항에 따른 위해요소중점관리기준
　(HACCP)적용업소로 지정받아야 한다.

2) 최근 3년간 식중독이 발생하지 아니하여야 한다.

3) 조리사 및 영양사를 두어야 한다.

4) 그 밖에 제1호의 일반음식점이 갖추어야 하는 기준을 모두
　갖추어야 한다.

제2조(정의)

이 법에서 사용하는 용어의 뜻은 다음과 같다.

1. "식품"이란 모든 음식물(의약으로 섭취하는 것은 제외한다)을 말한다.

2. "식품첨가물"이란 식품을 제조·가공·조리 또는 보존하는 과정에서 감미(甘味), 착색(着色), 표백(漂白) 또는 산화방지 등을 목적으로 식품에 사용되는 물질을 말한다. 이 경우 기구(器具)·용기·포장을 살균·소독하는 데에 사용되어 간접적으로 식품으로 옮아갈 수 있는 물질을 포함한다.

3. "화학적 합성품"이란 화학적 수단으로 원소(元素) 또는 화합물에 분해 반응 외의 화학 반응을 일으켜서 얻은 물질을 말한다.

4. "기구"란 다음 각 목의 어느 하나에 해당하는 것으로서 식품 또는 식품첨가물에 직접 닿는 기계·기구나 그 밖의 물건(농업과 수산업에서 식품을 채취하는 데에 쓰는 기계·기구나 그 밖의 물건 및

「위생용품 관리법」 제2조제1호에 따른 위생용품은 제외한다)을 말한다.

　가. 음식을 먹을 때 사용하거나 담는 것

　나. 식품 또는 식품첨가물을 채취 · 제조 · 가공 · 조리 · 저장 · 소분[(小分): 완제품을 나누어
　　유통을 목적으로 재포장하는 것을 말한다. 이하 같다] · 운반 · 진열할 때 사용하는 것

5. "용기 · 포장"이란 식품 또는 식품첨가물을 넣거나 싸는 것으로서 식품 또는 식품첨가물을
주고받을 때 함께 건네는 물품을 말한다.

5의2. "공유주방"이란 식품의 제조 · 가공 · 조리 · 저장 · 소분 · 운반에 필요한 시설 또는
기계 · 기구 등을 여러 영업자가 함께 사용하거나, 동일한 영업자가 여러 종류의 영업에 사용할 수
있는 시설 또는 기계 · 기구 등이 갖춰진 장소를 말한다.

6. "위해"란 식품, 식품첨가물, 기구 또는 용기 · 포장에 존재하는 위험요소로서 인체의 건강을
해치거나 해칠 우려가 있는 것을 말한다.

7. 삭제〈2018. 3. 13.〉

8. 삭제〈2018. 3. 13.〉

9. "영업"이란 식품 또는 식품첨가물을 채취 · 제조 · 가공 · 조리 · 저장 · 소분 · 운반 또는
판매하거나 기구 또는 용기 · 포장을 제조 · 운반 · 판매하는 업(농업과 수산업에 속하는 식품 채취업은
제외한다. 이하 이 호에서 "식품제조업등"이라 한다)을 말한다. 이 경우 공유주방을 운영하는 업과
공유주방에서 식품제조업등을 영위하는 업을 포함한다.

10. "영업자"란 제37조제1항에 따라 영업허가를 받은 자나 같은 조 제4항에 따라 영업신고를 한
자 또는 같은 조 제5항에 따라 영업등록을 한 자를 말한다.

11. "식품위생"이란 식품, 식품첨가물, 기구 또는 용기 · 포장을 대상으로 하는 음식에 관한 위생을
말한다.

12. "집단급식소"란 영리를 목적으로 하지 아니하면서 특정 다수인에게 계속하여 음식물을
공급하는 다음 각 목의 어느 하나에 해당하는 곳의 급식시설로서 대통령령으로 정하는 시설을
말한다.

　가. 기숙사

　나. 학교, 유치원, 어린이집

　다. 병원

　라. 「사회복지사업법」 제2조제4호의 사회복지시설

　마. 산업체

　바. 국가, 지방자치단체 및 「공공기관의 운영에 관한 법률」 제4조제1항에 따른 공공기관

　사. 그 밖의 후생기관 등

13. "식품이력추적관리"란 식품을 제조 · 가공단계부터 판매단계까지 각 단계별로 정보를
기록 · 관리하여 그 식품의 안전성 등에 문제가 발생할 경우 그 식품을 추적하여 원인을 규명하고
필요한 조치를 할 수 있도록 관리하는 것을 말한다.

14. "식중독"이란 식품 섭취로 인하여 인체에 유해한 미생물 또는 유독물질에 의하여

발생하였거나 발생한 것으로 판단되는 감염성 질환 또는 독소형 질환을 말한다.

15. "집단급식소에서의 식단"이란 급식대상 집단의 영양섭취기준에 따라 음식명, 식재료, 영양성분, 조리방법, 조리인력 등을 고려하여 작성한 급식계획서를 말한다.

제3조(식품 등의 취급)

① 누구든지 판매(판매 외의 불특정 다수인에 대한 제공을 포함한다. 이하 같다)를 목적으로 식품 또는 식품첨가물을 채취 · 제조 · 가공 · 사용 · 조리 · 저장 · 소분 · 운반 또는 진열을 할 때에는 깨끗하고 위생적으로 하여야 한다.

② 영업에 사용하는 기구 및 용기 · 포장은 깨끗하고 위생적으로 다루어야 한다.

③ 제1항 및 제2항에 따른 식품, 식품첨가물, 기구 또는 용기 · 포장(이하 "식품등"이라 한다)의 위생적인 취급에 관한 기준은 총리령으로 정한다.

제7조(식품 또는 식품첨가물에 관한 기준 및 규격)

① 식품의약품안전처장은 국민보건을 위하여 필요하면 판매를 목적으로 하는 식품 또는 식품첨가물에 관한 다음 각 호의 사항을 정하여 고시한다.

 1. 제조 · 가공 · 사용 · 조리 · 보존 방법에 관한 기준

 2. 성분에 관한 규격

② 식품의약품안전처장은 제1항에 따라 기준과 규격이 고시되지 아니한 식품 또는 식품첨가물의 기준과 규격을 인정받으려는 자에게 제1항 각 호의 사항을 제출하게 하여 「식품 · 의약품분야 시험 · 검사 등에 관한 법률」 제6조제3항제1호에 따라 식품의약품안전처장이 지정한 식품전문 시험 · 검사기관 또는 같은 조 제4항 단서에 따라 총리령으로 정하는 시험 · 검사기관의 검토를 거쳐 제1항에 따른 기준과 규격이 고시될 때까지 그 식품 또는 식품첨가물의 기준과 규격으로 인정할 수 있다.

③ 수출할 식품 또는 식품첨가물의 기준과 규격은 제1항 및 제2항에도 불구하고 수입자가 요구하는 기준과 규격을 따를 수 있다.

④ 제1항 및 제2항에 따라 기준과 규격이 정하여진 식품 또는 식품첨가물은 그 기준에 따라 제조 · 수입 · 가공 · 사용 · 조리 · 보존하여야 하며, 그 기준과 규격에 맞지 아니하는 식품 또는 식품첨가물은 판매하거나 판매할 목적으로 제조 · 수입 · 가공 · 사용 · 조리 · 저장 · 소분 · 운반 · 보존 또는 진열하여서는 아니 된다.

제9조(기구 및 용기 · 포장에 관한 기준 및 규격)

① 식품의약품안전처장은 국민보건을 위하여 필요한 경우에는 판매하거나 영업에 사용하는 기구 및 용기 · 포장에 관하여 다음 각 호의 사항을 정하여 고시한다.

 1. 제조 방법에 관한 기준

 2. 기구 및 용기 · 포장과 그 원재료에 관한 규격

② 식품의약품안전처장은 제1항에 따라 기준과 규격이 고시되지 아니한 기구 및 용기 · 포장의 기준과 규격을 인정받으려는 자에게 제1항 각 호의 사항을 제출하게 하여 「식품 · 의약품분야 시험 · 검사 등에 관한 법률」 제6조제3항제1호에 따라 식품의약품안전처장이 지정한 식품전문 시험 · 검사기관 또는 같은 조 제4항 단서에 따라 총리령으로 정하는 시험 · 검사기관의 검토를 거쳐 제1항에 따라 기준과 규격이 고시될 때까지 해당 기구 및 용기 · 포장의 기준과 규격으로 인정할 수 있다.

③ 수출할 기구 및 용기 · 포장과 그 원재료에 관한 기준과 규격은 제1항 및 제2항에도 불구하고 수입자가 요구하는 기준과 규격을 따를 수 있다.

④ 제1항 및 제2항에 따라 기준과 규격이 정하여진 기구 및 용기 · 포장은 그 기준에 따라 제조하여야 하며, 그 기준과 규격에 맞지 아니한 기구 및 용기 · 포장은 판매하거나 판매할 목적으로 제조 · 수입 · 저장 · 운반 · 진열하거나 영업에 사용하여서는 아니 된다.

제51조(조리사)

① 집단급식소 운영자와 대통령령으로 정하는 식품접객업자는 조리사(調理士)를 두어야 한다. 다만, 다음 각 호의 어느 하나에 해당하는 경우에는 조리사를 두지 아니하여도 된다.

  1. 집단급식소 운영자 또는 식품접객영업자 자신이 조리사로서 직접 음식물을 조리하는 경우

  2. 1회 급식인원 100명 미만의 산업체인 경우

  3. 제52조제1항에 따른 영양사가 조리사의 면허를 받은 경우

② 집단급식소에 근무하는 조리사는 다음 각 호의 직무를 수행한다.

  1. 집단급식소에서의 식단에 따른 조리업무[식재료의 전(前)처리에서부터 조리, 배식 등의 전 과정을 말한다]

  2. 구매식품의 검수 지원

  3. 급식설비 및 기구의 위생 · 안전 실무

  4. 그 밖에 조리실무에 관한 사항

제52조(영양사)

① 집단급식소 운영자는 영양사(營養士)를 두어야 한다. 다만, 다음 각 호의 어느 하나에 해당하는 경우에는 영양사를 두지 아니하여도 된다.

  1. 집단급식소 운영자 자신이 영양사로서 직접 영양 지도를 하는 경우

  2. 1회 급식인원 100명 미만의 산업체인 경우

  3. 제51조제1항에 따른 조리사가 영양사의 면허를 받은 경우

② 집단급식소에 근무하는 영양사는 다음 각 호의 직무를 수행한다.

  1. 집단급식소에서의 식단 작성, 검식(檢食) 및 배식관리

  2. 구매식품의 검수(檢受) 및 관리

  3. 급식시설의 위생적 관리

4. 집단급식소의 운영일지 작성

5. 종업원에 대한 영양 지도 및 식품위생교육

제53조(조리사의 면허)

① 조리사가 되려는 자는 「국가기술자격법」에 따라 해당 기능분야의 자격을 얻은 후
특별자치시장·특별자치도지사·시장·군수·구청장의 면허를 받아야 한다.

② 제1항에 따른 조리사의 면허 등에 관하여 필요한 사항은 총리령으로 정한다.

③ 삭제〈2010. 3. 26.〉

④ 삭제〈2010. 3. 26.〉

제54조(결격사유)

다음 각 호의 어느 하나에 해당하는 자는 조리사 면허를 받을 수 없다.

1. 「정신건강증진 및 정신질환자 복지서비스 지원에 관한 법률」 제3조제1호에 따른 정신질환자.
다만, 전문의가 조리사로서 적합하다고 인정하는 자는 그러하지 아니하다.

2. 「감염병의 예방 및 관리에 관한 법률」 제2조제13호에 따른 감염병환자. 다만, 같은 조
제4호나목에 따른 B형간염환자는 제외한다.

3. 「마약류관리에 관한 법률」 제2조제2호에 따른 마약이나 그 밖의 약물 중독자

4. 조리사 면허의 취소처분을 받고 그 취소된 날부터 1년이 지나지 아니한 자

제55조(명칭 사용 금지)

조리사가 아니면 조리사라는 명칭을 사용하지 못한다.

제56조(교육)

① 식품의약품안전처장은 식품위생 수준 및 자질의 향상을 위하여 필요한 경우 조리사와
영양사에게 교육(조리사의 경우 보수교육을 포함한다. 이하 이 조에서 같다)을 받을 것을 명할 수 있다.
다만, 집단급식소에 종사하는 조리사와 영양사는 1년마다 교육을 받아야 한다.

② 제1항에 따른 교육의 대상자·실시기관·내용 및 방법 등에 관하여 필요한 사항은 총리령으로
정한다.

③ 식품의약품안전처장은 제1항에 따른 교육 등 업무의 일부를 대통령령으로 정하는 바에 따라
관계 전문기관이나 단체에 위탁할 수 있다.

제80조(면허취소 등)

① 식품의약품안전처장 또는 특별자치시장·특별자치도지사·시장·군수·구청장은 조리사가
다음 각 호의 어느 하나에 해당하면 그 면허를 취소하거나 6개월 이내의 기간을 정하여
업무정지를 명할 수 있다. 다만, 조리사가 제1호 또는 제5호에 해당할 경우 면허를 취소하여야

한다.

1. 제54조 각 호의 어느 하나에 해당하게 된 경우

2. 제56조에 따른 교육을 받지 아니한 경우

3. 식중독이나 그 밖에 위생과 관련한 중대한 사고 발생에 직무상의 책임이 있는 경우

4. 면허를 타인에게 대여하여 사용하게 한 경우

5. 업무정지기간 중에 조리사의 업무를 하는 경우

② 제1항에 따른 행정처분의 세부기준은 그 위반 행위의 유형과 위반 정도 등을 고려하여 총리령으로 정한다.

제88조(집단급식소)

① 집단급식소를 설치 · 운영하려는 자는 총리령으로 정하는 바에 따라 특별자치시장 · 특별자치도지사 · 시장 · 군수 · 구청장에게 신고하여야 한다. 신고한 사항 중 총리령으로 정하는 사항을 변경하려는 경우에도 또한 같다.

② 집단급식소를 설치 · 운영하는 자는 집단급식소 시설의 유지 · 관리 등 급식을 위생적으로 관리하기 위하여 다음 각 호의 사항을 지켜야 한다.

1. 식중독 환자가 발생하지 아니하도록 위생관리를 철저히 할 것

2. 조리 · 제공한 식품의 매회 1인분 분량을 총리령으로 정하는 바에 따라 144시간 이상 보관할 것

3. 영양사를 두고 있는 경우 그 업무를 방해하지 아니할 것

4. 영양사를 두고 있는 경우 영양사가 집단급식소의 위생관리를 위하여 요청하는 사항에 대하여는 정당한 사유가 없으면 따를 것

5. 「축산물 위생관리법」 제12조에 따라 검사를 받지 아니한 축산물 또는 실험 등의 용도로 사용한 동물을 음식물의 조리에 사용하지 말 것

6. 「야생생물 보호 및 관리에 관한 법률」을 위반하여 포획 · 채취한 야생생물을 음식물의 조리에 사용하지 말 것

7. 소비기한이 경과한 원재료 또는 완제품을 조리할 목적으로 보관하거나 이를 음식물의 조리에 사용하지 말 것

8. 수돗물이 아닌 지하수 등을 먹는 물 또는 식품의 조리 · 세척 등에 사용하는 경우에는 「먹는물관리법」 제43조에 따른 먹는물 수질검사기관에서 총리령으로 정하는 바에 따라 검사를 받아 마시기에 적합하다고 인정된 물을 사용할 것. 다만, 둘 이상의 업소가 같은 건물에서 같은 수원(水源)을 사용하는 경우에는 하나의 업소에 대한 시험결과로 나머지 업소에 대한 검사를 갈음할 수 있다.

9. 제15조제2항에 따라 위해평가가 완료되기 전까지 일시적으로 금지된 식품등을 사용 · 조리하지 말 것

10. 식중독 발생 시 보관 또는 사용 중인 식품은 역학조사가 완료될 때까지 폐기하거나 소독

등으로 현장을 훼손하여서는 아니 되고 원상태로 보존하여야 하며, 식중독 원인규명을 위한 행위를 방해하지 말 것

11. 그 밖에 식품등의 위생적 관리를 위하여 필요하다고 총리령으로 정하는 사항을 지킬 것

③ 집단급식소에 관하여는 제3조부터 제6조까지, 제7조제4항, 제8조, 제9조제4항, 제22조, 제37조제7항·제9항, 제39조, 제40조, 제41조, 제48조, 제71조, 제72조 및 제74조를 준용한다.

④ 특별자치시장·특별자치도지사·시장·군수·구청장은 제1항에 따른 신고 또는 변경신고를 받은 날부터 3일 이내에 신고수리 여부를 신고인에게 통지하여야 한다.

⑤ 특별자치시장·특별자치도지사·시장·군수·구청장이 제4항에서 정한 기간 내에 신고수리 여부 또는 민원 처리 관련 법령에 따른 처리기간의 연장을 신고인에게 통지하지 아니하면 그 기간(민원 처리 관련 법령에 따라 처리기간이 연장 또는 재연장된 경우에는 해당 처리기간을 말한다)이 끝난 날의 다음 날에 신고를 수리한 것으로 본다.

⑥ 제1항에 따라 신고한 자가 집단급식소 운영을 종료하려는 경우에는 특별자치시장·특별자치도지사·시장·군수·구청장에게 신고하여야 한다.

⑦ 집단급식소의 시설기준과 그 밖의 운영에 관한 사항은 총리령으로 정한다.

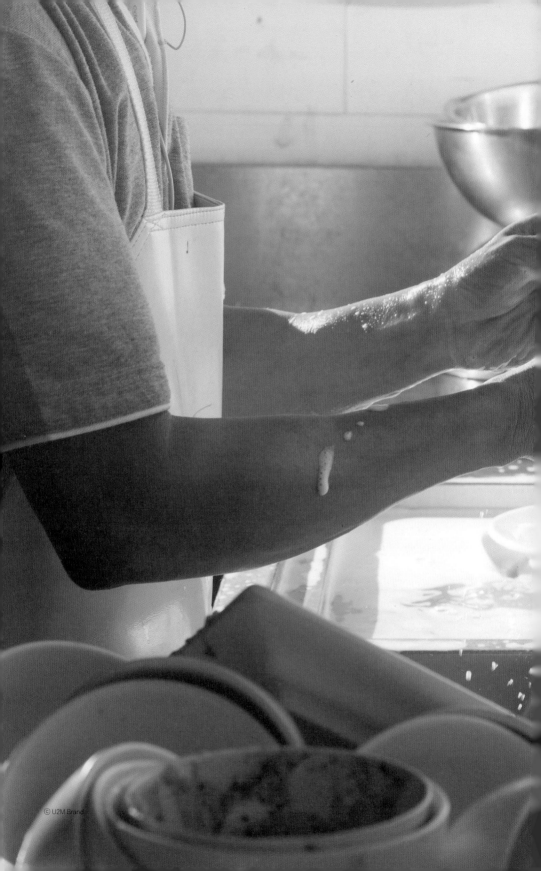

행복한 직업 찾기
나의 직업 요리사

초판 1쇄 인쇄 2014년 3월 14일

개정판 1쇄 인쇄 2021년 10월 15일
개정판 1쇄 발행 2021년 10월 20일

글 | 꿈디자인LAB
펴 낸 곳 | 동천출판
사   진 | 서울호서직업전문학교, 장동익쉐프님, shutterstock.

등   록 | 2013년 4월 9일 제319-2013-25호
주   소 | 서울특별시 서초구 효령로 60길 15(서초동, 202호)
전화번호 | (02) 588 - 8485
팩   스 | (02) 583 - 8480
전자우편 | dongcheon35@naver.com

값 18,000원
ISBN   979-11-85488-62-2 (44370)
          979-11-85488-05-9 (세트)

*잘못 만들어진 책은 구입하신 서점에서 바꿔 드립니다.